《四川城市读本》编写组

郭晓鸣　四川省社会科学院原副院长、研究员

张鸣鸣　农业农村部沼气科学研究所研究员

王　芳　四川省社会科学院区域经济与城市发展研究所
副研究员

四川城市读本

读本

SICHUAN CHENGSIH DUBEN

郭晓鸣　张鸣鸣　王　芳／编著

四川大学出版社
SICHUAN UNIVERSITY PRESS

项目策划：傅　奕　邱小平
责任编辑：傅　奕
责任校对：陈克坚
封面设计：墨创文化
责任印制：王　炜

图书在版编目（CIP）数据

四川城市读本 / 郭晓鸣，张鸣鸣，王芳编著 . 一 成
都：四川大学出版社，2021.5
（四川系列读本）
ISBN 978-7-5690-4565-9

Ⅰ．①四… Ⅱ．①郭… ②张… ③王… Ⅲ．①城市发
展－四川 Ⅳ．① F299.277.1

中国版本图书馆 CIP 数据核字（2021）第 083234 号

书名　四川城市读本

编　著	郭晓鸣　张鸣鸣　王　芳
出　版	四川大学出版社
地　址	成都市一环路南一段 24 号（610065）
发　行	四川大学出版社
书　号	ISBN 978-7-5690-4565-9
印前制作	四川胜翔数码印务设计有限公司
印　刷	四川盛图彩色印刷有限公司
成品尺寸	170mm×240mm
插　页	2
印　张	16
字　数	295 千字
版　次	2021 年 10 月第 1 版
印　次	2021 年 10 月第 1 次印刷
定　价	128.00 元

◆ 读者邮购本书，请与本社发行科联系。
　电话：(028)85408408/(028)85401670/
　(028)86408023　邮政编码：610065
◆ 本社图书如有印装质量问题，请寄回出版社调换。
◆ 网址：http://press.scu.edu.cn

四川大学出版社
微信公众号

前　言

　　"二十里中香不断，青羊宫到浣花溪。"千年前让诗人陆游沉醉的城市，今天与其他17个地级城市一道，在中国西南铺就了一方富庶、铸就了一座磐石。数千年中华记忆在城市中代代相传，现代发展文明在城市中大放异彩，城市已经成为增进人民福祉、推动社会进步以及实现生态持续的有效空间载体。新中国成立半个多世纪以来，在国家战略的指引下、在川人不懈的努力下，四川城市由屈指可数的几个增长为今天的由特大型中心城市、区域中心城市、中等城市和千余个小城镇组成的结构稳定、功能齐备、风格多样、宜居宜业的城市群，呈现出多元发展、兴旺繁荣、活力创新、个性鲜明的景象。

　　阅读四川城市需要从一座座鲜活的城市中来。这些城市，有的历经千年洗礼，始终焕发勃勃生机，有的与共和国同龄，见证国家富强繁荣；有的灿如星辰，人们趋之若鹜；有的名不见经传，但在川人心中无可替代；有的在历经辉煌与成就后，正处于转型发展的阵痛期；有的正走向成长巅峰……成都，西部地区重要的经济中心、社会中心、文化中心，是老人心中的"天府"、年轻人眼中"必去的城市"；绵阳，四川辖区面积最大的地级城市，是党中央、国务院批准建设的中国唯一科技城，重要的国防科研和电子工业生产基地；攀枝花，新中国首个资源开发特区，以"花是一座城、城是一朵花"而闻名，是平衡资源开发和人居环境建设的范本；自贡，"千年盐都"，正在探索改造传统工业基地、培育特色产业集群的可持续发展城市的有效路径；巴中和雅安，年轻而又古老的两座城市，带来的不只是丰沛的资源和淳朴的人文，更是革命老区、贫困山区和民族地区脱贫奔康的希望所在；康定和马尔康，见证了藏汉千年来的交汇传扬，是民族地区走向现代的引领⋯⋯目之所及，四川城市都是进步与魅力。

阅读四川城市为明理以致用。移民和农民工、资源和可持续、西部和"一带一路"、民族和全球化⋯⋯四川城市正是在这样的基础和环境中逐步成长起来的，是国家进步的缩影，是川人拼搏的凝聚。本书把"今天"作为阅读四川城市最为合适的时点，以四川城市发展四十年为概述，择居住、空间、社会、城镇化、全球化和可持续等六大主题，描述四川如何在这个充满变革的时代锐意进取、砥砺前行，既总结实践与经验，也不回避困难和挑战。作为记录者，我们用一组组详实的数据记录这些城市的发展成就和成长轨迹，用一个个典型的案例记录大小城市的点滴记忆；作为观察者，我们关注城市里居民的生活条件和发展能力，也关注来城市里的外来者如何努力以实现梦想；作为研究者，我们用严谨的方法和有效的工具，努力呈现一桌麻辣鲜香的"家常菜"；作为在四川工作和生活的"本地人"，我们期望速写一个个真实的、有温度的四川城市，从纷繁复杂的内容中，用简单勾勒的线条绘出其中最有意义的影像。

本书共分七个部分。第一部分回顾新中国成立以来四川城市的发展历程，讲述城市的现状和特征，分析成长的基础和困难，在机遇和挑战中展望未来。第二部分以市民视角，描述住房市场和住房保障两个层面，展现共建美好家园的努力和对困难群体的关切。第三部分以空间为主题，绘制四川城市成长地图，关注城市之间的横向沟通和城镇的纵向交流。第四部分关注城市社会，着重描述四川城市社会发展的四个前沿层面：包容并蓄的社会秩序、各具特点的文化性格、基于社区的共治共建以及健康城市。第五部分立足四川现实，描述城镇化的阶段性特征，着重讨论农民工问题。第六部分在全球化框架下，阐述四川城市的经济贡献和发展潜能。第七部分面向可持续，从生态格局与城市适应性，提供不同城市发展范例。

本书由四川省社会科学院跨学科研究团队编写。张鸣鸣为课题负责人和全书统稿，各章节执笔人为：第1章王芳、第2章杨伟、第3章杨理珍、第4章李奕丰和曾旭晖、第5章岳新胜、第6章冉敏、第7章王倩。

尽管课题组为撰写本书付出了大量努力，但难免存在疏漏，恳请读者提出宝贵批评意见。

本书编写组

目 录

城市：未来发展的引擎

作为中国历史上较早开发的地区之一，四川城市发展历史悠久。独特的自然资源禀赋和特殊的社会历史环境共同造就了四川城市的分布特征。

改革开放40年多来四川城市发展迅速，取得了令人瞩目的成就：人口规模不断扩张，经济实力大大加强，空间布局更加合理，首位城市地位逐渐凸显，城市综合承载能力明显提升，人文历史底蕴日渐深厚，城镇化进程不断加快，小城镇建设颇具特色。

四川城市发展过程中也面临一些困难和挑战：大中小城市不平衡不协调加剧，城市建设特色缺失，城市生态环境压力增大，新旧城乡矛盾叠加，民族地区和贫困问题依然存在等等。

未来的四川城市，将更加注重规划统筹，更加注重区域协调，更加注重城乡融合，更加注重包容韧性。

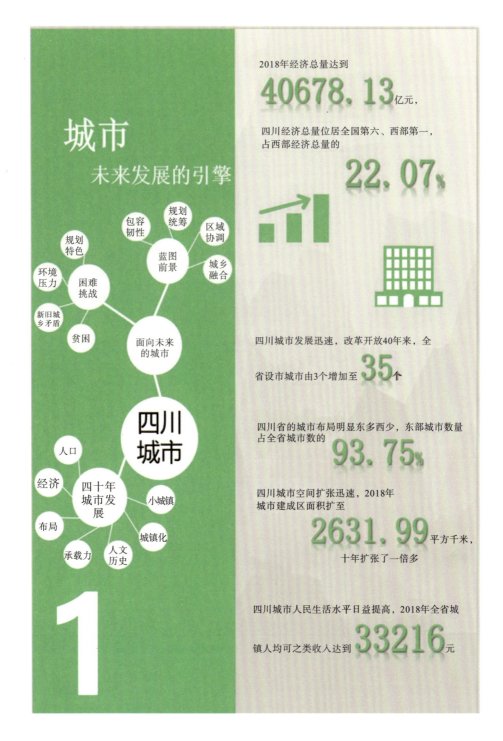

城市

未来发展的引擎

规划统筹

包容韧性

规划特色

区域协调

蓝图前景

城乡融合

环境压力

困难挑战

新旧城乡矛盾

贫困

面向未来的城市

四川城市

人口

经济

四十年城市发展

小城镇

布局

城镇化

承载力

人文历史

1

2018年经济总量达到

40678.13亿元，

四川经济总量位居全国第六、西部第一，占西部经济总量的

22.07%

四川城市发展迅速，改革开放40年来，全省设市城市由3个增加至**35**个

四川省的城市布局明显东多西少，东部城市数量占全省城市数的

93.75%

四川城市空间扩张迅速，2018年城市建成区面积扩至

2631.99平方千米，

十年扩张了一倍多

四川城市人民生活水平日益提高，2018年全省城镇人均可之类收入达到**33216**元

四川是我国西部地区重要大省，在全国发展格局中具有重要地位。一直以来，四川在全国经济发展中占有重要的位置，古有"扬一益二"的美誉，如今四川城市对西部地区的引领作用愈加明显，2018年经济总量首次突破4万亿，达到40678.13亿元，位居全国第6、西部第1，占西部经济总量的22.07%[①]。四川是国家向西向南开放的重要支撑点，也是"一带一路"和长江经济带联动发展的战略核心腹地。

一、四十年现代城市发展

四川作为中国历史上较早开发的地区之一，其城市发展拥有悠久的历史。已有2300多年建城史的成都，西汉时就是中国六大都市之一。宜宾是长江上游开发最早、历史最悠久的城市之一，是南丝绸之路的起点，素有"西南半壁古戎州"的美誉[②]。泸州至今已有两千多年的历史。然而，由于内陆区位及地形地貌等条件的制约，在相当长的一段时期内，四川是全国城市发展相对缓慢和落后的区域之一。直到改革开放为四川的城市建设和发展带来了春天，在社会主义市场经济日渐完善的历史背景下，四川省迎来了历史上城市建设投资规模最大、城市发展最快的时期。

---

① 数据来源：《中国统计年鉴2019》.
② 王志刚.宜宾市发展文化创意产业的必然性及SWOT分析.商业经济，2013（12）.

建制历史

四川省现设有18个地级市和17个县级市。大部分城市建制都是改革开放以后设置，改革开放前仅有成都、自贡和攀枝花三个设市城市；改革开放以后四川省城市建设快速发展，先后设置了西昌、泸州[①]、德阳、广元、乐山[②]、绵阳[③]、内江、遂宁、南充[④]、宜宾、广安、达州等市，21世纪以来受国家政策的影响，仅在2000年设置了巴中、眉山、资阳和雅安市，2015年设置了康定和马尔康市，2017年隆昌市被批准设市，成为全省最年轻的设市城市。

◎专栏1-1　四川主要城市设市时间一览

成都市：成都一名因周王千岐"一年而所居成聚，二年成邑，三年成都"而得名，其建城史可以追溯到3200年前。1921年设市，1949年成都成为川西行署区的驻地，1989年经国务院批准，成都市的经济和社会发展计划在国家计划中实行单列，享有省一级经济管理权限，成为全国14个计划单列市之一。

自贡市：自贡市具有2000年的盐业历史，自贡市的名字也是因盐而得名的。民国28年（1939年）8月，经四川省政府批准，取自流井和贡井第一字合称自贡市。1939年9月1日，自贡市政府成立，隶属四川省政府。

攀枝花市：攀枝花市是因国家三线建设建立起来的一座移民城市。20世纪60年代，中央决定将攀枝花作为开展三线建设的重中之重，毛泽东力主

---

① 1950年泸县析出设立泸州市，1983年泸州市升为地级泸州市。
② 1978年乐山县与五通桥区合并改为乐山市（县级），1985年建地级市。
③ 1976年绵阳县析置绵阳市，属绵阳地区领导；1985年升为地级绵阳市。
④ 1949年为川北行署区直辖南充市；1952年划归南充专署领导；1953年改为省辖市，委托南充专署代管；1993年设立地级南充市。

并亲笔批示建设攀枝花。1965年2月5日，中共中央、国务院正式批复同意成立攀枝花特区。3月4日，毛泽东主席在冶金部部长吕东、攀枝花特区总指挥徐驰呈送的《加强攀枝花工业区建设的报告》上批示："此件很好"。由此，攀枝花市将这一天定为"攀枝花开发建设纪念日"，亦即攀枝花建市纪念日。同年4月22日，国务院批复四川省人民委员会的请示，同意攀枝花特区对外改称渡口市。1987年1月23日，国务院批准渡口市更名为"攀枝花市"。

泸州市：泸州市为中国历史文化名城，历史悠久。1950年泸县析出设立泸州市，1983年3月3日国务院批复设为省辖市，升级为地级泸州市，原宜宾地区的泸县、纳溪、合江、叙永、古蔺5县划归泸州市。

德阳市：德阳市号称古蜀之源、重装之都，因"三线建设"国家布局现代大工业而建市。1983年8月18日设市。

广元市：广元市已有2300多年的建城历史，自古为入川的重要通道，是苴国故地，入蜀要塞，三国重镇。1985年2月，撤销广元县，设立地级广元市。

乐山市：乐山市古称嘉州，历史上属古蜀国，有"海棠香国"的美誉。新中国成立后，设乐山专员公署，1950年置乐山专区，1968年改为乐山地区，1978年乐山县与五通桥区合并改为乐山市（县级），仍隶属于乐山地区，1985年撤销乐山地区建地级市。

绵阳市：绵阳市历史悠久，自汉高祖二年（前205年），西汉设置涪县以来，已有2200多年建城史。新中国成立后，1950年设绵阳专区，属川西行署区。1952年绵阳专区属四川省领导。1976年由绵阳县设置绵阳市，属绵阳地区领导。1985年，撤销绵阳地区，绵阳市升为地级市。

内江市：新中国成立后，1950年设内江专区，1951年分内江县城和近郊设县级内江市，专、市、县同驻一城，1968年改专区为地区，1985年撤销内

江地区建地级内江市，改原内江市为市中区。

遂宁市：1935年，民国政府将四川划为18个行政督察区，在遂宁置四川第十二行政督察区，设专员公署，新中国成立后，置川北行政区遂宁分区，1952年改为遂宁专区，仍辖上述各县。1958年撤专区留县，遂宁并入绵阳专区。1985年2月，经国务院批准，遂宁撤县，建为省辖市。

南充市：新中国成立后，1952年设南充专区，1968年南充专区更名南充地区，1993年7月撤南充地区、南充市及南充县，设立南充市（地级）。

宜宾市：1950年1月设川南区辖宜宾区，同年11月改称宜宾区专员公署，1967年4月改称宜宾地区。1996年10月，撤销宜宾地区，改设四川省辖宜宾市。

广安市：1993年7月2日，国务院批准设立广安地区；1998年7月31日，广安撤地建市。

达州市：1950年，设川北行署区达县专区；1952年9月，改为四川省达县专区；1970年，改称达县地区；1993年，更名为达川地区；1999年6月20日，撤销达川地区，设立地级达州市。

巴中市：1993年7月5日设立巴中地区；2000年6月14日撤销巴中地区和县级巴中市，设立地级巴中市。

眉山市：1950年1月设眉山专区；1997年5月30日，国务院批复设立眉山地区；2000年6月10日，国务院批复撤销眉山地区和县级眉山县，设立地级眉山市。

资阳市：1993年资阳县改为县级资阳市；1998年4月29日，设立资阳地区；2000年6月14日，国务院批准撤销资阳地区和县级资阳市，设立地级资阳市。

雅安市：1951年设雅安专署；1981年改称雅安地区；至2000年，设立地级雅安市。

17个县级市撤县设建制市时间：西昌市1979年，华蓥市1985年，江油市1987年，都江堰市1988年，广汉市1988年，峨眉山市1988年，阆中市1991年，彭州市1993年，万源市1993年，简阳市1994年，崇州市1994年，邛崃市1994年，什邡市1995年，绵竹市1996年，康定市2015年，马尔康市2015年，隆昌市2017年。

（资料来源：四川省主要地级市城市志）

产业城市发展

四川从来都在国家发展战略中处于重要地位，丰足的自然资源和地处内陆的区位条件，使得四川一直扮演着战备后方基地的角色。抗日战争内迁、新中国成立初期苏联援建布局以及"三线"等特殊时期国家战略布局不仅使四川城市发展大大提速，还造就了一批新兴城市（表1-1）。

表1-1 "三线"建设时期四川省建成或基本建成的主要工业城市

综合型工业城市		成都
重型工业城市	国防工业城市	成都、绵阳、广元、乐山、西昌
	煤矿城市	华蓥
	石油工业城市	南充
	冶金工业城市	乐山、自贡、江油
	电力工业城市	乐山、宜宾、江油
	化学工业城市	自贡、内江、泸州、宜宾
	机械电子工业城市	德阳、绵阳、江油、广元、乐山、西昌、自贡、内江、泸州、雅安、华蓥
轻型工业城市	纺织工业城市	遂宁、内江、南充
工业交通枢纽城市		成都、内江、宜宾、泸州、绵阳、广元

资料来源：中华人民共和国国史网（www.hprc.org.cn）

空间分布

四川省的城市布局明显呈东多西少特点，东部地区城市数占全省城市总数的93.75%，与重庆地区一起构成中国西部城市群最密集的地区，也是中国仅次于长江三角洲、珠江三角洲和京津塘的第四大城市群地区。西部由于地理环境的限制，城市分布较少，只有攀枝花、西昌、马尔康和康定4个城市。

资源禀赋

四川地貌东西差异大，高差悬殊，地形复杂多样，西高东低的特点特别明显，有山地、丘陵、平原和高原4种地貌类型，分别占全省幅员面积的77.1%、12.9%、5.3%和4.7%；水资源丰富，人均水资源量高于全国，但时空分布不均，形成区域性缺水和季节性缺水。四川生物资源十分丰富，保存有许多珍稀、古老的动植物种类，是中国乃至世界的珍贵物种基因库之一。四川能源资源丰富，以水能、煤炭和天然气为主，矿产资源总量丰富、种类齐全，分布相对集中，有利于形成综合性矿物原料基地[1]。自然资源条件空间差异使得四川城市类型多样，大致可分为五大区域：

表1-2　四川五大区域资源禀赋特色

区域划分	涉及范围	资源禀赋特色
四川盆地	包括成都、德阳、绵阳、乐山、眉山、资阳、遂宁、雅安8个市、65个县（市、区）	以成都平原为核心，包括周边丘陵及少量山地区域，土地肥沃、物产丰富、人口密集

---

[1]　四川省基本情况.四川省人民政府网（www.sc.gov.cn）.

区域划分	涉及范围	资源禀赋特色
川南山地区	包括自贡、泸州、内江、宜宾	包括盆地丘陵和少量山地区域，自然资源较为丰富，长江流域重要区域，城市多依河而建
川东北山区	包括广元、南充、广安、达州和巴中	包括盆地山地和丘陵区域，丘陵区域资源条件较好，山地地区险峻，不适合人类居住
川西南山地区	包括攀枝花和凉山彝族自治州	主要为山地区域，矿产资源、水能资源极为丰富
川西北丘状高原地区	包括甘孜藏族自治州和阿坝藏族羌族自治州	高山高原区域，长江黄河上游重要生态安全防线，生态环境脆弱

同时，四川承担着长江黄河上游重要生态安全防线的重任，川西北高山高原以及盆地周边山地区域，生态环境脆弱、生态容量有限。在国家主体功能区划分中，大量区域被划入限制开发区域及禁止开发区域，不适宜大规模的人类活动，这是四川城市可持续发展必须正视的客观实际和约束条件（详见表1-3）。

表1-3 四川承担国家主体功能分区情况

主体功能分区	涵盖区域
重点开发区域	成都经济区
限制开发区域	若尔盖草原湿地生态功能区（28514）、川滇森林及生物多样性生态功能区（302633）、秦巴生物多样性生态功能区（140004.5）
禁止开发区域	四川龙溪－虹口国家级自然保护区（310）、四川白水河国家级自然保护区（301.5）、四川攀枝花苏铁国家级自然保护区（13.58）、四川长江上游珍稀、特有鱼类国家级自然保护区（331.74）、四川雪宝顶国家级自然保护区（636.15）、四川米仓山国家级自然保护区（234）、四川唐家河国家级自然保护区（400）、四川马边大风顶国家级自然保护区（301.64）、四川长宁竹海国家级自然保护区（358）、四川花萼山国家级自然保护区（482.03）、四川蜂桶寨国家级自然保护区（390.39）保护区

续表1-3

主体功能分区	涵盖区域
禁止开发区域	（2000）、四川九寨沟国家级自然保护区（720）、四川小金四姑娘山国家级自然保护区（560）、四川若尔盖湿地国家级自然保护区（1665.67）、四川贡嘎山国家级自然保护区（4091.43）、四川察青松多白唇鹿国家级自然保护区（1436.83）、四川海子山国家级自然保护区（4591.61）、四川亚丁国家级自然保护区（1457.5）、四川美姑大风顶国家级自然保护区（506.55）、四川长沙贡玛国家级自然保护区（6698）、四川画稿溪国家级自然保护区（238.27）、四川王朗国家级自然保护区（322.97）

资料来源：根据《全国主体功能分区规划》整理，"（ ）"中为主体功能区的区域面积，单位为平方千米

人口规模

四川人口众多，2018年末常住人口8341万人，占全国比重6.0%，人口规模全国第四、西部第一[①]。但由于内陆区位及地形地貌等条件的制约，在相当长一段时期内，四川是全国城镇化发展相对缓慢和落后的省份。直到西部大开发战略以来，随着国家对外开放战略向内陆区域拓展、扩大内需战略等一系列战略加快实施，四川作为西部大省、人口大省和资源大省，开启了城镇化加速发展的步伐。2000—2018年，按常住人口计算的城镇化率由26.7%提升到52.29%，提高了25.59个百分点，年均提高将近3个百分点。但从城镇化率的绝对水平来看，四川城镇化率仍然低于全国平均水平近8个百分点[②]，城镇化水平进一步提升的空间还很大。

从城镇体系来看，四川已初步建立起由1个特大城市、6个大城市、8个

---

① 数据来源：《中国统计年鉴2019》.
② 数据来源：《四川统计年鉴2019》和《中国统计年鉴2019》.

中等城市、138个小城市和1531个小城镇构成的城镇体系[1]，并初步形成了成都平原、川南、攀西、川东北四个城镇群。但除首位城市领先发展外，其余城市发展仍然不足。四川平均256万人拥有一个城市，远低于全国平均205万人拥有一个城市的水平。城市规模以小城市居多，缺乏特大城市和Ⅰ型大城市，100万人~200万人、50万人~100万人档次的城市数量也不多，形成明显的断层[2]。

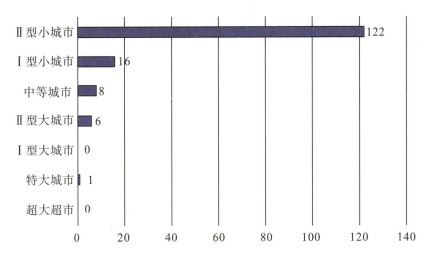

图1-1 四川省城镇规模分布情况（个）

表1-4 四川县级以上城市规模分布

城市类型	人口（人）	数量（个）	城市
超大城市	1000万以上	0	—
特大城市	500万~1000万	1	成都市
Ⅰ型大城市	300万~500万	0	—

[1] 资料来源：四川省住房和城乡建设厅（www.scfjyl.org.cn）.
[2] 数据来源：《四川年鉴2019》.

续表1-4

城市类型	人口（人）	数量（个）	城市
II型大城市	100万~300万	6	泸州市、绵阳市、南充市、自贡市、宜宾市、达州市
中等城市	50万~100万	8	攀枝花市、遂宁市、内江市、乐山市、巴中市、德阳市、广元市、眉山市
I型小城市	20万~50万	16	广安市、雅安市、资阳市、都江堰市、彭州市、邛崃市、崇州市、广汉市、绵竹市、江油市、峨眉山市、阆中市、简阳市、西昌市、隆昌市、什邡市
II型小城市	20万以下	4	华蓥市、万源市、马尔康市、康定市
合计		35	—

资料来源：《2018年四川省人口统计公报》

经济实力

城市空间扩张迅速。2008至2018年，全省设市城市由32个增加至35个，市区面积扩大了2277.05平方千米，城市建成区面积由1272.88平方千米扩至2631.99平方千米，十年扩张了一倍多①。城市经济持续快速增长。改革开放之初，由于四川省地处西部内陆地区，人口多底子薄，经济总量较低，西部大开发以来，特别是进入新世纪后，四川经济迎来了飞跃式的发展，2007年全省地区生产总值（GDP）迈上万亿新台阶，2011年跻身全国"两万亿俱乐部"，达到20283亿元，2015年经济总量超过3万亿，达到30251.9亿元，2018年突破4万亿，达到40678.1万亿元，平均每4年时间上一个万亿台阶。人民生活水平日益提高。全省城镇人均可支配收入由2010年的15461元提高到2018年的33216元，年均增长8%以上；在此期间，人均消费性支出年均增加855元（详见图1-3）。

---

① 根据《四川统计年鉴2019》数据计算。

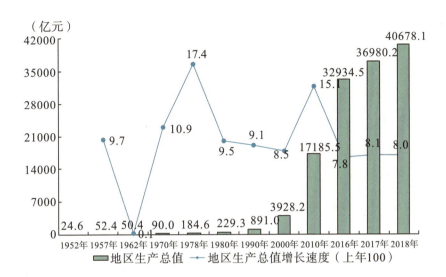

图 1-2 新中国成立以来四川经济规模和增速变化情况

资料来源：《四川统计年鉴 2019》

图 1-3 2010—2018 年全省城市居民人均可支配收入和人均消费性支出情况（元）

数据来源：《四川统计年鉴》（2011—2019）

首位城市

　　成都是四川省省会城市,也是全国15个副省级城市之一，是全省最大的经济、文化、科技、教育中心及交通通信枢纽，在四川省的作用举足轻重，在西部地区也是一个十分重要的中心城市，四川省域内的人口、产业、资本、技术、信息与人才向成都高度集中,极化效应十分明显[①]。成都市以占全省19%左右的常住人口比重、3%的辖区面积占比，贡献了全省40%的GDP（见图1-4），财政收入和固定资产投资等方面，成都也都占四川省大部分份额。省委十二届三次全会确定"一干多支、五区协同"发展战略，更是进一步确定了成都市作为首位城市的主干地位。

图1-4　2010—2018年成都市、四川省GDP数据及占比情况

数据来源：《四川统计年鉴》（2011—2019）

---

① 杨建.《大都市区空间演变研究——以成都为例》，《理论视野》，2013（11）.

　　2017年7月，成都召开国家中心城市产业发展大会，就加快构建具有国际竞争力和区域带动力的现代产业体系做出部署，提出了"十字方针"，坚持"东进、南拓、西控、北改、中优"的发展理念，重塑成都经济地理（如图1-5所示）。电子信息、生物医药、汽车、家具和鞋业制造、动漫和传媒、会展产业、航空航天和旅游业等这几大特色工业产业，已成为拉动成都"经济动车"的新引擎，也稳步奠定了成都作为我国十大城市的地位和西部中心城市的地位。

图1-5　成都"东进、南拓、西控、北改、中优"的发展理念
图片来源：《东进之路，龙泉凭什么领跑成都？》（www.guangyuannol.cn）

　　成都作为区域领头羊充分发挥其在经济、科技、金融、文创、对外交往和国际综合交通通信枢纽的支撑功能，引领示范辐射到周边区域。作为国家中心

城市和中西部地区开放程度最高的城市之一，成都深入实施融入"一带一路"倡议的发展战略，在国际内陆型综合交通枢纽构建、国际区域物流中心推进、国际产业园区建设、对外经贸合作扩大、国际交流合作加强等各个领域都树立了更高的眼界，站位高远，在广袤的西部地区塑造城市发展的新标杆。

城市组团

由于历史原因和地理因素，长期以来形成了四川省经济地理发展中成都市"一城独大"的单中心城市发展局面。为引导资源要素从中心城市向周围外溢，2013年5月省委十届三次全会以来，四川省大力推动"多点多极支撑发展战略"，按照"提升首位城市、着力次级突破、夯实底部基础"的部署，推动了"成德绵一体化"，构建了以成德绵为主体的四川省军民融合示范区，以区域联动的形式推动成都平原经济区的整体发展。在此基础上，形成了成都平原、川南、攀西、川东北四大城市群，初步建立了城市群内部梯次发展格局，成都平原城市群一体化程度日渐提高，作为四川第二个经济增长极的川南城市群在成渝经济区的地位更加显著，川东北城市群和攀西城市群发展快速。省委十一届三次全会不仅提出构建"一干多支、五区协同"区域发展新格局，更明确"鼓励和支持有条件的区域中心城市争创全省经济副中心"，城市之间合作日益增强，区域性中心城市正加速形成，以区域中心城市为核心的城市群组团发展趋势日趋形成。

综合承载能力

近年来，四川省持续开展城市基础设施建设行动，城市综合承载能力明显提升。一是全面推进智慧城市和海绵城市建设。按照中央城市工作会议提出的"未来要建设绿色城市、文化城市、紧凑城市、安全城市、海绵城市和智慧城市"思路，四川加快推进海绵城市和智慧城市试点建设，除遂宁被列为国家海绵城市试点外，还确定成都、泸州、自贡、绵阳、广安5个地级城市和崇州等10个城市（县城）为省级海绵城市建设试点城市[1]，以点带面，在全省范围内全面推进。二是统筹现代交通运输体系建设，统筹推进公路、铁路、航道和机场、港口等一系列交通基础设施建设项目，已建成陆海出川大通道30条（高速公路18条、铁路10条、水路2条），以高速铁路、干线铁路、高速公路、长江航运为主骨架的综合交通网络初步形成，全面打通城市群之间的交通联系，形成对内对外互联互通的现代交通综合运输体系。航空枢纽方面，双流国际机场二跑道和T2航站楼建成投用，成都国际航空枢纽航线网络不断拓展，现已开通航线328条，其中国际（地区）航线109条，2017年旅客吞吐量达到4980万人次，货邮吞吐量达到64.2万吨，成都航空第四城地位持续巩固[2]，对全省"一轴三带、四群一区"的城镇化发展格局提供了有力的支撑。三是大力推进城市基础设施建设，全省2014年开始启动"城市基础设施建设年行动"，重点推进城市地下综合管廊、轨道交通等重大项目建设，集中力量抓好道路交通、市政管网、防洪排涝、污水垃圾处理、供水节水、供气供热等市政公用设施建设，成效显著，用水普及率、燃气普及率、人均城市道路面积和道路长度等城镇基础设施水平明显提高（具体数据见表1-5）。四是不断完善城镇公共服务设施建设。从城镇教育、医疗、文化、体育、就业和社会保障等方面不断完善城镇公共服务设施。五是持续优化城镇环境质量，响应国家环保要求，全面开展城乡环境治理、宜居县城试点工作。积极创建山水园林城市，率先开展公园城市建设试点工作，建成了

---

① 《四川16个城市试点海绵城市建设》，《华西都市报》，2017年10月15日.
② "解读省委十一届三次全会精神 打造现代综合交通运输体系"新闻发布会.中国交通新闻网（www.zgjtb.com，2018年8月16日）.

一大批环境优美示范城市、县城和乡（镇），截至2018年，全省城市建成区绿地达12万公顷，公园面积达3.4万公顷，大大改善城镇人居环境。（详见表1-6）[①]。

表1-5　四川省2010年、2014年、2016年和2018年城镇基础设施情况对比

年份	供水普及率（%）	燃气普及率（%）	人均城市道路面积（平方米）	道路长度（千米）
2010	90.8	84.39	12.14	10192
2014	91.12	90.89	13.32	12488
2016	93.07	91.78	13.73	14835
2018	95.70	93.70	14.63	17832

表1-6　四川省2010年、2014年、2016年和2018年城镇环境质量相关指标

年份	人均公园绿地面积（平方米）	建成区绿化覆盖率（%）	污水处理率（%）	生活垃圾处理率（%）	人均日生活用水量（升）
2010	10.19	10.19	78.32	92.66	216
2014	11.26	11.26	85.36	97.24	192
2016	12.47	12.47	89.66	99.69	214.64
2018	12.97	12.97	93.58	99.95	181.36

数据来源：《四川统计年鉴》2011、2015、2017 和 2019 年

人文历史

四川具有深厚的历史文化底蕴，自古以来就享有"天府之国"的美誉，拥有丰富的古蜀文化、三国文化、饮食文化、休闲文化和民族风情等浓厚文化积淀，经过多年的积淀与治理改造，各城市逐渐形成了各自独特的城市

---

① 《四川城镇化发展报告2018》——总报告.

风貌。成都是一座氤氲着古蜀文明的历史名城，有着自己独特的文化渊源，取周王迁岐"一年而所居成聚，二年成邑，三年成都"而得名，是一座有着2000多年历史的"中国文化名城"，拥有杜甫草堂、武侯祠、青羊宫、永陵、望江楼、文殊院、明蜀王陵、昭觉寺等众多历史名胜古迹和人文景观。自贡被誉为"千年盐都"和"恐龙之乡"，历史上因产盐井而名扬四海。自贡自唐代以来就有新年燃灯的习俗，逐渐形成了今天的提灯会，还有西秦会馆、荣县大佛、富顺文庙、吴玉章故居等古迹。宜宾号称"中国酒都"，是长江上游开发最早、历史最悠久的城市之一，是南丝绸之路的起点，素有"西南半壁古戎州"的美誉。阆中，素有"阆苑仙境""巴蜀要冲"之誉，唐代诗人杜甫在这里留下了"阆州城南天下稀"的千古名句，被誉为风水古城。乐山是中国唯一一个拥有三处世界遗产的城市，有乐山大佛、麻浩崖墓、峨眉山古建筑群、大庙飞来殿、杨公阙、犍为文庙、千佛岩石窟、郭沫若故居、乌尤离堆、三江宋塔、东风堰、峨眉山大佛禅院、夹江天福观光茶园、东方佛都、乌木文化博览苑、峨边黑竹沟等风景名胜。素有"天府之源"的都江堰市拥有"世界水利文化的鼻祖"的都江堰水利工程和中国道教发祥地青城山，城中有水、水在城中。四川还拥有广元、绵阳、古蔺、叙永等革命老区，广安、资阳、南充等将帅故里，2018年2月6日，四川省人民政府关于广汉等5个历史文化名城保护规划的批复经省政府官网公布，四川再添广汉、江安、巴中、雅安和西昌5个城市，打造历史文化名城。

城镇化进程

城镇化是协调区域发展、推动城乡一体化的重要动力，也是扩大内需、促进经济转型升级的战略重点。近年来，四川城镇化建设坚持"以人为本"思路，在全国率先以"人的城镇化"代替"土地城镇化"，取得了许多可

圈可点的成绩。2018年全省户籍人口城镇化率、常住人口城镇化率分别为35.9%和52.3%，分别较前一年增长1.7和1.5个百分点，户籍人口城镇化率年增速再次超过常住人口城镇化率年增速后（详见图1-6）。

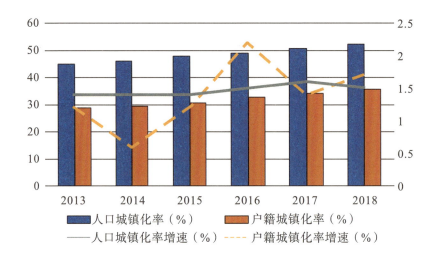

图1-6 2013—2018年四川人口城镇化率和户籍城镇化率及增速

小城镇建设

作为沟通城乡经济协调发展的重要纽带，小城镇建设对促进四川农村发展、推进城镇化建设具有重要意义。2003年，四川省人民政府颁布《四川省人民政府关于加快重点小城镇建设的若干意见》（川府发〔2003〕21号），以促进城乡经济融合发展，加快推动城镇化建设。从2013年起连续三年，每年启动100个省级试点小城镇建设，加强对各类小城镇规划建设的分类指导，为促进县域经济发展和就地就近吸纳农村人口创造条件。据统计，2015年全省建制镇公共财政收入389.4亿元，较2014年增加32.2亿元，增长9.0%；规上工业企业8458个，较2014年增加96个，增长1.1%；规上工业总产值20130.4亿元，较2014年增加604.6亿元，增长3.1%。市场4112个，较2014年增加43个，增长1.1%；社会消费品零售总额5124.7亿元，较2014年增加692.4亿元，增长15.6%。全省2038个建制镇中，通自来水的村有26085个，占村委会总个数的55.2%；通有线电视的村37344个，占村委会总个数的79.0%；通宽带的村29478个，占村委会总个数的62.3%。（详见图1-7）。到2018年末，全省共建成小城镇（建制镇2229个，比2001年增加346个，增加了18.4%，占乡镇总个数比重上升至48.4%。在小城镇数量增长的同时，城镇规模和经济实力也在不断提高。

图 1-7　2015 年四川省建制镇发展情况

资料来源：《四川省情》，四川省统计局，2017 年 6 期

二、面向未来的四川城市

困难和挑战

◎ 大中小城市不平衡不协调加剧

党的十九大报告提出，"我国社会生产力水平总体上显著提高，社会生产能力在很多方面进入世界前列，更加突出的问题是发展不平衡不充分"。发展不平衡不协调问题在四川城市发展方面也尤为突出，中小城市的经济发展水平与大城市的差距越拉越大，与2010年相比，2018年，遂宁、广安、广元、雅安、巴中的GDP占成都的比重分别下降了0.89、1.53、0.57、0.95和0.56个百分点[1]。自然因素和行政级别因素的叠加效应导致资源和要素过度集中于少数大城市，更加加剧了这种不平衡。从人口流动趋势来看，2017年，四川省只有成都、攀枝花等少数几个城市人口净流入，其他城市基本都是人口净流出，总数高达875万，广安、达州、宜宾外流人口超百万[2]。这意味着在未来的城市发展中，大城市面临人口过剩、资源短缺、盲目"摊大饼式"扩建的风险，而中小城市面临市场规模萎缩、城市空心化、转型升级困难的风险。

◎ 城市规划建设特色缺失

随着工业化、城市化进程的加快，四川城市的建设也呈现出产业化、规模化和标准化的"千城一面"特征。走在城市的大街小巷，看到的或是

---

① 数据来源：《四川统计年鉴2019》.
② 数据来源：中国经济时报.2018年9月11日.

密密麻麻排列的火柴盒，或是蓝玻、白瓷砖的外墙，而这种外貌在国内的许多城市都可以看到。大批量流水线生产的速成单调建筑被"模仿、抄袭、克隆"，高层建筑普遍呈现"一般高、一展齐、一个样"等现象，处处充斥着钢筋水泥土气息。在未来的城市发展进程中，如何避免盲目建设，重塑城市特色成为城市建设中亟待解决的问题。

◎城市发展面临严峻的环境生态压力

研究表明，四川城市还处于忽略城市生态环境，集中发展城市经济等功能的过程中[1]，以资源换增长问题还比较突出，尽管近些年来四川一直致力于转型升级，推动城市可持续发展，但产业结构转型调整不是一蹴而就的，蓝天保卫战、碧水保卫战、黑臭水体治理攻坚战、长江保护修复攻坚战、饮用水水源地问题整治攻坚战、环保基础设施建设攻坚战、农业农村污染治理攻坚战、"散乱污"企业整治攻坚战等"八大战役"[2]又是迫不及待的，城市发展与环境保护之间的矛盾依然是尖锐的。再者，四川是长江上游重要生态屏障和水源涵养地，大多数城市尤其是中小城市处于生态功能区，这些城市处于高生态低发展阶段，极度脆弱的生态系统限制了城市的发展。未来，城市与环境协调发展的压力依然巨大，要真正实现"绿水青山就是金山银山"的目标，四川城市不仅应该降低资源消耗，更需要扩充环境容量，营建良好的城市生态环境。

◎新旧城乡矛盾叠加

作为西部内陆省份，长期以来，四川城乡二元结构矛盾突出，为此，四川在全国率先实施城乡统筹发展战略，全面推进城乡一体化，在建立城乡一

---

① 《四川城市可持续发展研究报告2018》.
② 《聚力打好污染防治"八大战役"》.四川日报，2018年6月23日.

体化规划体系、推进城乡产业 体化、构建城乡一体的公共服务体系等方面
取得了一定的成就，但尚未从根本上消除城乡二元结构矛盾：城乡资源流动
还不顺畅、城乡生产要素交换依然不平等、城乡公共资源和公共服务配置还
不均衡、农村发展依然滞后于城市等。新时期，新一轮的城乡矛盾也不容忽
视：一是城乡人才"二元化"。在快速发展的城市化浪潮中，四川人口快速
向城市集中的同时如何打破乡村空心化的桎梏还任重而道远。二是信息"二
元化"。互联网的出现和广泛应用推动我国城乡发生翻天覆地的变化，但
对四川来说，大多数农村地处偏远地区，信息化水平较为落后，信息化对城
市的影响远远大于对农村的影响，由此造成城乡之间"数字鸿沟"的加剧正
在强化城乡"二元结构"。三是环境"二元化"。长期以来割裂的城乡环保
体系使得农村成为二元体制下的环保盲区。

◎民族地区和贫困问题

四川甘孜州、阿坝州和凉山州是少数民族聚居地区，这些区域地广人
稀，发展缓慢。长期以来只有西昌一个城市，辐射作用不强。直到2015年，
康定和马尔康才获批成为建制市，城市的发展也非常滞后。这些少数民族地
区城市的发展，除了面临城乡文化冲突与融合等普遍问题和挑战，还面临一
些特殊的问题与挑战：城市建设规模和质量受到少数民族生活习惯、民族风
俗和宗教信仰、思想意识和文化素质的限制。少数民族地区生产力水平相对
较低、自然地理环境恶劣，当地居民生活水平较为贫困。民族地区的贫困是
四川省脱贫攻坚的重点和难点，虽然在各级政府大力支持下，持续深入开展
精准扶贫，少数民族地区人均收入不断提升，但扶贫工作仍困难重重，民族
地区农牧民浓厚的风俗习惯和宗教等历史文化传统根深蒂固，长期以来形成
落后的生产生活方式，很难接受离开自己原来的居住地，改变原来的生产生
活方式在城市从事非农产业。

蓝图和前景

◎更加注重规划统筹

四川作为改革开放重要发祥地之一，从来都在国家发展战略中具有重要地位，四川城市的发展也逐渐站在更高的层次从更广的视野统筹规划。《成渝城市群发展规划》从国家战略层面规划四川城市发展，将成渝经济群定位为引领西部开发开放的国家级城市群，构建"一轴两带、双核三区"[①]的空间格局（见图1-8），力争"到2020年，基本建成经济充满活力、生活品质优良、生态环境优美的国家级城市群"。"到2030年，重庆、成都等国家中心城市的辐射带动作用明显增强，城市群一体化发展全面实现，同城化水平显著提升，实现由国家级城市群向世界级城市群的历史性跨越。"《四川省新型城镇化规划（2014—2020年）》和《四川省省域城镇体系规划（2014—2030）》从全省范围内总体谋划城镇布局，构建以城市群为主体形态、"一轴三带、四群一区"[②]的城镇化发展格局（见图1-9）。《成都市城市总体规划（2016—2035）》将成都置于"一带一路"倡议、长江经济带、成渝城市群等国家战略大背景下，以国家中心城市、国际门户枢纽城市、世界文化名城为主要战略定位，从更大区域统筹城市发展，构建"一心两翼一区三轴多中心"[③]的网络化城市空间结构（见图1-10）。

---

① "一轴两带、双核三区"：一轴——成渝发展主轴；两带——沿长江城市带，成德绵乐城市带；双核——成都、重庆；三区：川南城镇密集区，南遂广城镇密集区和达万城镇密集区。

② "一轴三带、四群一区"：一轴——成渝城镇发展轴；三带——成绵乐城镇发展带，达南内宜城镇发展带，沿长江城镇发展带；四群——成都平原城市群，川南城市群，川东北城市群，攀西城市群；一区——川西生态经济区。

③ "一心两翼一区三轴多中心"：一心——龙泉山城市森林公园；两翼——中心城区和东部城市新区；一区——龙门山生态涵养区；三轴——南北城市中轴，东西城市轴线，龙泉山东侧新城发展轴；多中心——8个区域中心城。

图 1-8 成渝城市群空间布局

图片来源：《成渝城市群发展规划》

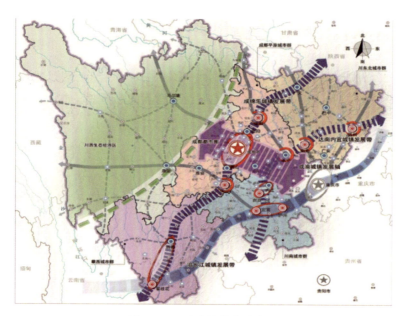

图 1-9 四川省城镇体系布局

图片来源：《四川省新型城镇化规划（2014—2020 年）》

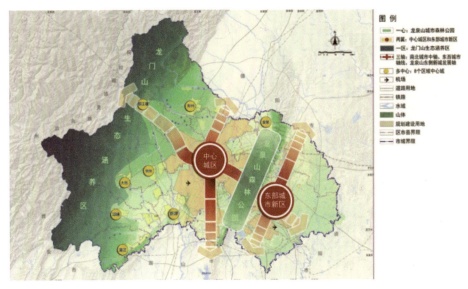

图 1-10　成都城市空间布局

图片来源：《成都市城市总体规划（2016—2035）》（征求意见稿）

◎ 更加注重区域协调

　　区域发展不平衡不充分一直是四川最突出的问题，历届省委、省政府针对不同阶段发展的实际先后作出协调区域发展的战略部署。2013年，省委十届三次全会确定以"多点多极支撑发展战略"为支撑的三大发展战略。提出"提升首位城市、着力次级突破、夯实底部基础"的战略构想，五年来，初步形成首位一马当先、梯次竞相跨越的生动局面。2018年，省委十一届三次全会提出要大力实施"一干多支"发展战略，构建"一干多支、五区协同"区域发展新格局。其中"一干"是支持成都加快建设全面体现新发展理念的国家中心城市，充分发挥成都引领辐射带动作用；"多支"则是打造各具特色的区域经济板块，推动环成都经济圈、川南经济区、川东北经济区、攀西经济区竞相发展，形成四川区域发展多个支点支撑的局面。"五区协同"则是强化统筹，推动成都平原经济区（含成都和环成都经济圈）、川南经济区、川东北经济区、攀西经济区、川西北生态示范区协同发展，推动成都与环成都经济圈协同发展，推动"三州"与内地协同发展，推动区域内各市（州）之间协同发展①。

◎ **更加注重城乡融合**

四川作为地处西部内陆地区的传统农业大省，城乡二元分割是城市发展过程中必须破解的难题。2003年，成都市率先推进城乡一体化，2007年国家发改委批准成都市设立全国统筹城乡综合配套改革试验区，全面推进经济、社会、政治、文化和生态等多领域的改革和发展。四川省委省政府站在全省的战略高度，提出"两化互动、城乡统筹"发展战略，积极推广"成都经验"，在全省范围内全面推进统筹城乡发展和纵深改革，促进城乡一体化发展。党的十九大报告提出"实施乡村振兴战略"，要求"建立健全城乡融合发展体制机制和政策体系，加快推进农业农村现代化"。2018年，四川省农业和农村体制改革专项小组印发《关于开展城乡融合发展综合改革试点的指导意见》，决定开展城乡融合发展综合改革试点，目前已确定21个市（州）的30个县（市、区）作为城乡融合发展综合改革试点单位②。从政策体制机制上引导城乡两者互为资源、互为市场、互为补充、互相服务，促使城乡共同体在经济、社会、资源、空间、生态等方面持续稳定地发展。

◎ **更加注重包容和韧性**

第十一届城市发展与规划大会提出，城市发展要实现包容、安全、任性和可持续目标。包容是一个城市人文和管理文明的重要尺度，指外来人口能

---

① 《中共四川省委关于深入学习贯彻习近平总书记对四川工作系列重要指示精神的决定》（2018年6月30日通过）.
② 资料来源：庞峰伟，范坤鹏.四川日报，2018年6月5日.

迅速融入当地文化，获得深层次满足感；韧性是指城市要能够消化并吸收外界干扰，同时保持原有主要特征、结构和关键功能的能力。按照这一思路，四川省住建厅印发《2018年四川省城市规划工作要点》，要求现行总体规划期限至2020年的城市启动编制新一版城市总体规划，鼓励将总体城市设计作为特定章节纳入新一版城市总体规划，指导遂宁市、隆昌市、梓潼县、射洪县、武胜县、九寨沟县等6个全省城市设计试点城市开展试点工作，将城市设计作为落实城市规划、指导建筑设计的抓手。

居住：理想的生活

四川省城镇建设快速推进，城市人口规模逐年扩大，人口规模和密度在城市间差异明显，首位城市规模大、密度高的特征突出。城市住房市场稳定发展，住房价格变化趋势稳定，住房成交量、住宅供应、房地产投资稳步提升。城市居住的生态环境、社会环境、基础设施等重要方面处于稳定改善状态，城市居住质量持续提升。

四川省住房保障建设紧跟全国步伐，持续完善住房保障制度和保障性住房体系以解决城市低收入人群住房困难问题，建立起以公共租赁住房、经济适用房等为主的实物住房保障体系和以住房公积金、租赁补贴为主的货币住房保障体系，着力增加保障性住房覆盖面。同时开展"百万安居工程行动"推进危旧房棚户区改造，健全农民工住房保障体系，城市低收入人群居住条件不断改善①。

①　本文未特意指明数据来源的，其数据均来源于统计年鉴、统计公报、各专门官方统计报告。

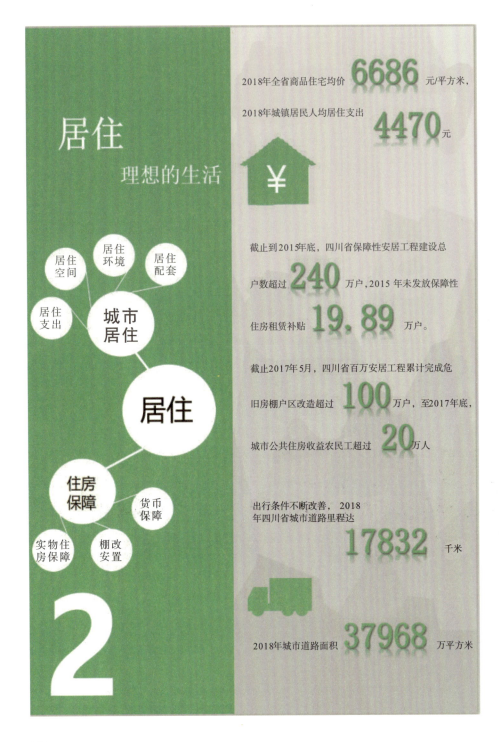

居住

理想的生活

居住空间　居住环境　居住配套

居住支出　城市居住

居住

住房保障　货币保障

实物住房保障　棚改安置

2

2018年全省商品住宅均价 **6686** 元/平方米,

2018年城镇居民人均居住支出 **4470** 元

截止到2015年底,四川省保障性安居工程建设总

户数超过 **240** 万户,2015 年未发放保障性

住房租赁补贴 **19.89** 万户。

截止2017年5月,四川省百万安居工程累计完成危

旧房棚户区改造超过 **100** 万户,至2017年底,

城市公共住房收益农民工超过 **20** 万人

出行条件不断改善, 2018
年四川省城市道路里程达

17832 千米

2018年城市道路面积 **37968** 万平方米

一、广厦千万安居民

城市人口

住房是人生活最基本的需求，人口对住房发展具有决定性的影响。人口数量、年龄结构、空间分布、流动情况以及家庭结构等都是影响住房发展的重要因素，人口数量规模是决定住房规模大小的核心，人口数量的增长引起住房需求的上升。城镇化建设过程中人口持续向城市转移，大量新增人口的基本居住需求以及居住改善需求是促进城市住房规模扩大的主要原因。家庭人口数量也对住房需求具有显著的影响，家庭规模越小，住房需求越高，近年来我国家庭人口规模的变化导致家庭户数持续增长，进一步促进住房需求上升[1]。与此同时，我国人口发展过程中的少子化、老龄化以及高抚养比等特征也对住房需求有着重要影响。

作为人口大省，四川在城镇化发展过程中人口与住房之间的作用关系更加显著。2018年末，全省城镇人口达4362.34万人，城镇化率为52.29%，超过一半的人口居住在城镇之中，城镇人口家庭户数与城镇人口数量呈同向变动趋势。城镇人口的空间分布特征显著，2018年全省人口总数最多的是成都市，人口规模达1633万人，其中城镇人口1194.0万[2]，远远超过省内其他城市。成都市更多的就业机会、更具竞争力的薪酬水平以及更好的公共服务水平等成为吸引人口大量聚集的重要因素。

2018年成都市城镇人口密度为6537人/平方千米，在省内18个地级市中

---

① 人口与房地产关系分析，国家信息中心经济预测部，2016.
② 《四川统计年鉴》.

排在第二位，宜宾市以7152人/平方千米位居首位，人口密度最低的是雅安市，城镇人口密度为1403人/平方千米（图2-1）。成都作为国家中心城市和省会，是全省的政治、经济和文化中心，城镇人口规模为全省之最，同时城镇人口密度也位居全省前列①。

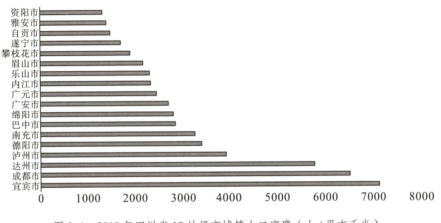

图 2-1 2018 年四川省 18 地级市城镇人口密度（人／平方千米）

2018年市域人口流动差异显著，人口就业省内转移趋势明显。成都市常住总人口出现显著的正向增长，而省内其他城市常住总人口则增长微弱或者出现减少，同时，成都市城镇常住人口数量增量明显高于其他城市。导致这些现象的原因主要有，一方面部分地区农村人口大量外出务工，劳动力市外转移就业导致大量人口流出。另一方面，在城镇化建设不断深入的过程中，大量农村人口选择就地就近城镇化，城镇户籍人口和常住人口持续增加。成都作为省会和国家中心城市，对全省其他地区人口具有更强的吸引力，更好的工作机会、城市设施水平以及地理位置逐渐成为影响省内其他地区劳动力转移就业的重要因素。

---

① 《中国城市建设统计年鉴》.

以户籍人口与常住人口之间的差异来衡量人口的流动情况，若年末户籍人口高于常住人口，则表示年度区域内人口净流出，反之则人口净流入。根据统计数据可以看出[①]，2018年，除成都、攀枝花等少数城市外，全省大部分城市均出现人口净流出，其中达州、资阳、广安、南充和宜宾等城市人口净流出量位居全省前列（图2-2）。从整体情况看，人口流动情况相对比较符合当下经济社会发展特征，农村人口不断向城市转移，小城市人口不断向大城市聚集，城市规模越大，与城市规模扩大相伴生的各种优势条件对人口的吸引和吸纳能力则相对越强。

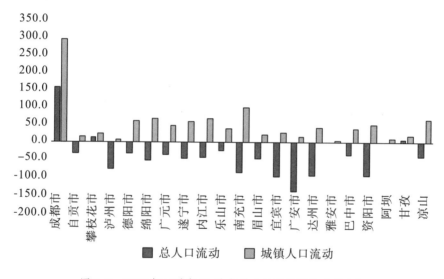

图 2-2 2018 年四川省 21 地市州人口变动情况（万人）

在新一轮的城市总体规划中，四川省各个城市以2030或2035年作为远期总体规划节点，依据人口承载力的强弱对远期城市人口规模做出明确发展规划和规模限定。以成都市为例，在目前人口大量净流入的背景下，成都市划

① 《四川统计年鉴》.

定了2035年市域常住人口不超过2300万，城市人口不超过1360万的红线①。未来一段时期各市将大力推进城镇化建设，按照各地级市的规划，到2035年四川有望出现13个百万人口大城市（图2-3）。

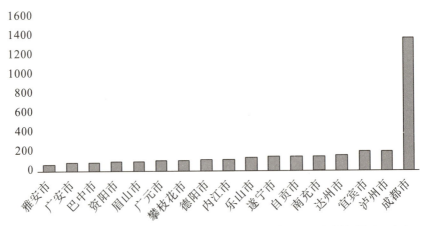

图2-3　四川省部分城市远期（2030或2035）中心城区人口规划规模（万人）

城市居住

住房来源方面，居民住房来源多样，但自购商品房、自建住房、房改住房以及拆迁安置房占据主导地位。以近年来城镇居民住房来源变动趋势来看，住房来源比例变化不大，主要住房来源的主导地位基本维持稳定。2018年，四川省城镇居民住房来源中，自有住房②占78.68%，租赁住房③占8.39%，拆迁安置、继承或其他住房等占12.94%（图2-4）。可以看出，居民仍倾向于购房居住，其中以商品房自购占据主导地位，不可忽视的是保障性住房、公房租赁和自建住房也占据了一定的比例。

---

① 《成都市城市总体规划（2016—2035）》.
② 自有住房包括自建住房、购买商品房、购买房改住房、购买保障性住房。
③ 租赁住房包括租赁公房、租赁私房。

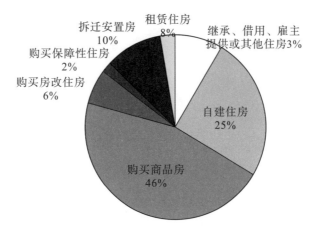

图 2-4　2018 年四川省城镇居民住房来源

居住空间方面，近年来全省城镇居民人均居住面积总体呈波动变化态势。2014年人均居住面积为33.36平方米，2016年升至34.91平方米，2018年降至34.11平方米[①]。但2018年省内各城市城镇居民人均居住面积变化趋势具有方向上的差异，成都、自贡、绵阳等6个城市城镇居民人均居住面积同比呈上升趋势，而攀枝花、德阳等其余12个城市城镇居民人均居住面积相比上年则略有减少。从绝对水平上看，2018年广元市城镇居民人均居住面积位居全省首位，资阳市屈居末位（图2-5）。总体而言，城镇居民人均居住面积的变化受到城镇新增人口产生的居住需求以及城镇建设过程中住宅供应的共同影响，在城镇化快速推进过程中，农村人口持续流入城市必然要求城市空间不断扩张。在新时期发展背景下，城市建设要求集约高效、绿色可持续，城市总体规划对城市未来发展边界做出了明确的界定，城市未来发展空间已经明确界定的情况下人口的持续流入将在一定程度上影响人均居住空间的持续提升。

①　《四川统计年鉴》.

居住空间样式方面，二居室、三居室房屋占据最主要的地位。2005年城镇居民居住空间样式中二居室占比45.5%，三居室占比29.3%，四居室占比7.9%。2018年二居室、三居室、四居室占比分别为24.68%、38.94%、4.31%，可以看出，在二、三、四居室单元房占据主导地位的情况下，三居室房屋占比显著上升，一方面表明居民对于居住的要求越来越高，另一方家庭结构也可能影响居民购房选择[①]（图2-6）。

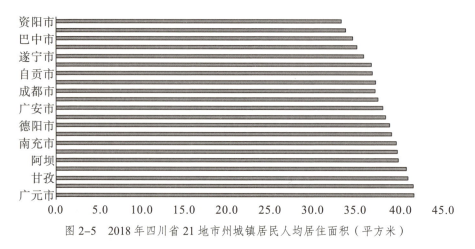

图 2-5 2018 年四川省 21 地市州城镇居民人均居住面积（平方米）

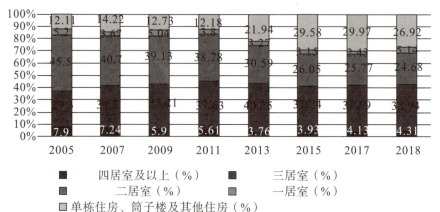

图 2-6 2005—2018 年四川省城镇居民住房类型变化情况

---

① 《四川统计年鉴》.

　　城镇住宅用地方面，四川省城镇住宅用地面积总量持续上升，2005—2018年，用地总量由419.39平方千米升至854.45平方千米，年均增加33.46平方千米，年均增幅约为7.99%[1]。与此同时，全省住宅用地面积年均增速高于建成区面积增加速度，2005—2018年，全省城市建成区面积由1442.93平方千米增至2892.32平方千米，年均增加约111.49平方千米，年均增幅约7.73%[2]（图2-7）。

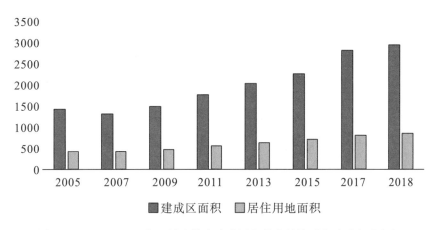

图 2-7　2005—2018 年四川省城市建成区与居住用地面积（平方千米）

住房市场

　　城市住房市场运行情况是城市居民居住质量的重要参照，住房市场的稳定健康运行是城市居民安居乐业的重要保障。党的十八大以来，四川省住房市场稳定运行，房地产行业投资完成额逐年递增，行业就业人员数量快速上涨，建筑业商品住宅年竣工面积维持在一个相对稳定的供给水平。全省住房市场年商品住宅销售面积和销售价格基本保持相对稳定的上升状态，住房市

① 《中国城市建设统计年鉴》.
② 《四川统计年鉴》.

场年销售总额增幅明显。城市住房需求总量的持续上升和住宅市场体量的不断增长，主要得益于城镇化建设的快速推进，城市新增人口是提升住房市场需求的重要原因，这一现象在省会和区域中心城市相对更为明显。

住房销售价格方面，2005年全省城市商品住宅平均售价1227.5元/平方米，2018年全省城市商品住宅平均销售价格为6686.34元/平方米，年均增加419.91元[1]，从变化趋势可以看出全省住房平均价格变动总体相对平稳。需要注意的是，全省房价虽然总体平稳，但房价的变动在区域上差异较大，大城市的房价上涨幅度远远大于中小城市，这与我国目前城镇化建设的内在特征具有紧密联系。同时四川省城镇体系目前仍具有相对不合理的地方，大量人口和经济要素流向省会城市和区域中心城市，极少部分大中城市住房需求的快速增长导致这些城市出现供不应求的现象，住房价格出现大幅上涨。

2018年，成都以9783元/平方米的价格位列全国35个大中城市商品住宅平均销售价格的第21位，与销售均价最高的深圳（55441元/平方米）具有较大差距[2]（图2-8）。可以看出，成都作为新一线城市，在全国主要大中型城市中住房市场目前仍相对处于洼地。住房作为居民在城市生活的"硬性"需求，相对合理的房价将对城市的发展产生重要的促进作用，合理的居住成本有利于吸引更多人才流入，有利于进一步促进城市竞争力提升。

---

① 根据相应年份《四川统计年鉴》商品住宅销售额与销售面积计算得到。以名义价格表示，未剔除通货膨胀，本章下同并不再赘述。
② 《中国统计年鉴》.

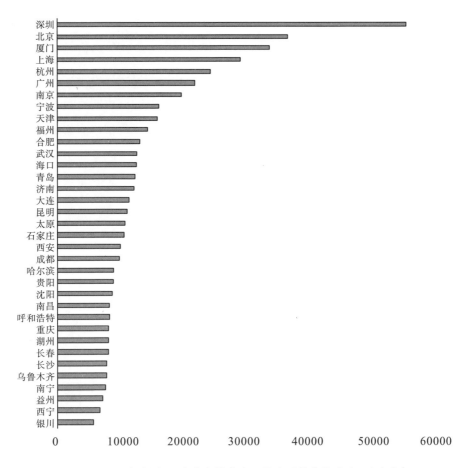

图 2-8　2018 年全国 35 个大中城市商品住宅平均售价（元 / 平方米）

　　四川省住房市场稳定发展，全省商品住宅成交量大体呈现逐年上升的趋势。2018年，全省商品住宅销售面积为9889.35万平方米，较2017年增加1102.74万平方米，增幅为12.55%[1]。2018年四川省全省商品住宅平均销售价格为6686.34元/平方米，同比增长13.56%[2]，全省商品住宅销售面积与销售价格总体均呈现稳定上升的态势（图2-9）。

①　《四川统计年鉴》.
②　《中国统计年鉴》.

　　四川省商品住宅平均售价位列全国31个省区市的第19位①（图2-10），
在GDP总量排在四川之前的五个省份中，只有河南省平均住房价格略低于四
川，其他四个省份明显高于四川。总体来看，省内各城市房价总体呈现逐步
上升趋势。但需要注意的是，住房销售价格具有明显的城市间差异，例如成
都市的销售价格远高于其他城市，与此同时，成都的住房销售面积也遥遥领
先于其他城市，2014年成都市住房平均销售价格为6536.1元/平方米，2018年
增至9777.03元/平方米。

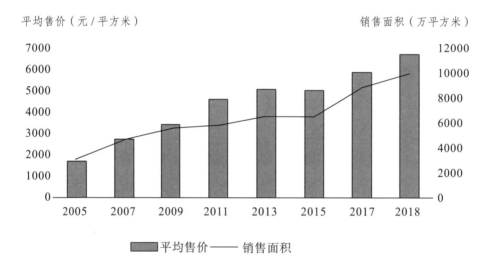

图 2-9　2005—2018 年四川省商品住宅平均售价（元 / 平方米）与销售面积（万平方米）

----

① 根据《中国统计年鉴》销售面积与销售额计算得到。

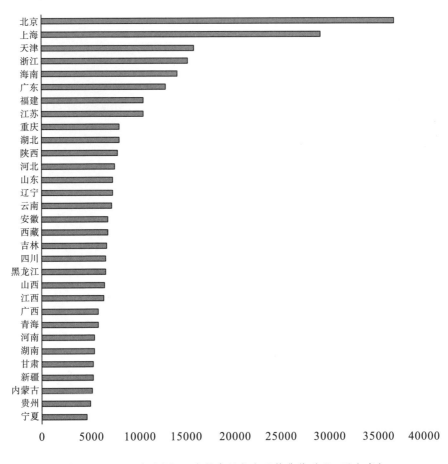

图 2-10　2018 年全国 31 省份商品住宅平均售价（元／平方米）

在城镇化快速深入推进的背景下，四川省住房市场投资额连年大幅上涨。2005—2018年，全省住房投资完成额由701.5亿元升至3764.17亿元，年均上涨超过235亿元。高强度的投资增长趋势影响下是住房面积的快速扩张，虽然2015年全省住房竣工面积增速有所变缓，但总体仍然呈上升趋势。2005—2018年间，全省年住宅竣工面积呈抛物线型变化，2005年全省当年住宅竣工面积为529.01万平方米，此后逐年增加，2011年达到顶峰后逐渐开始回落，2018年全省年住宅竣工面积为687.69万平方米[1]（图2-11）。省内城市住房投资规模差异虽有所缩小但仍旧显著，成都市在住房市场投资方面大幅领先于省内其他区域中心城市，2014成都市住宅投资完成额1353.4亿元，是排名第二的南充市的7.77倍，而到了2018年这一数字则降为了5.22倍[2]。

图2-11 四川省商品住宅投资完成额（亿元）与竣工面积（万平方米）

　　根据四川省社情民意调查中心的居民购房意愿调查报告[3][4][5]显示，成都地区受访者群体中计划购房比例为21.9%，较上年提高1.3%。其他市州计划购房比例为16.8%，较上年提高2.9%。受访者中，农村常住居民计划购房者占12.3%，常住且户籍仍在农村的计划购房比例为25.5%。购房需求方面"刚需"仍然是重要方面，但近年来"居住改善"购房需求逐渐超过"刚需"，2016年居民住房调查显示，48.8%的受访者以改善居住条件为购房目的。近

① 《四川统计年鉴》.
② 《四川统计年鉴》.
③ 四川省社情民意调查中心.2015年四川居民购房意愿调查报告.
④ 四川省社情民意调查中心.2017年四川居民购房意愿调查报告.
⑤ 四川省社情民意调查中心.2018年四川居民购房意愿调查报告.

年来居民购房意愿持续攀升，2018年，受访者计划购房比例增值18.1%，为近三年最高（图2-12）。可以看出，四川省居民购房意愿持续上涨，农村居民进城购房意愿强烈，成都地区居民购房意愿高于全省总体水平，其他市州居民购房意愿整体以较低水平逐年攀升。

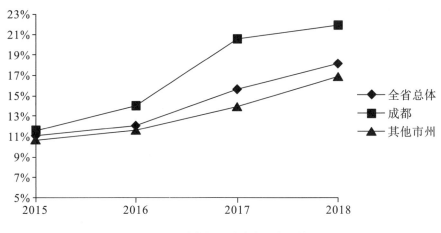

图 2-12　四川省居民购房意愿变化情况

　　总体而言，全省住房市场总体发展平稳，供求关系相对稳定，住宅价格与成交量均未出现陡升陡降，总体上保持了一个稳定发展的态势。但大城市、区域中心城市与中小城市之间存在明显的差异，省内各区域中心城市在住宅销售价格、销售面积等存在显著差异。省会成都市的住宅售价与年成交量遥遥领先全省其他城市，2018年成都市商品住宅销售量2651.66万平方米，占全省成交总量的26.81%。与此同时，全省其他区域中心城市的住房市场变化相对缓慢，绵阳、南充、泸州、乐山、宜宾、攀枝花等6个城市的住房成交总量与平均售价均低于省会成都，但相对领先于各自所在区域的其他城市。

居住支出

　　2005年四川省城镇居民人均可支配收入为8386元，2018年全省城镇居民人均可支配收入上升至33216元，呈现稳定递增态势，年均增幅逾1900元（图2-13）。与此同时，城镇居民人均居住支出由2005年的705.4元上升至2018年的4470元，年均增长约290元，城镇居民居住支出占人均年消费总支出的比重由0.101升至0.19（图2-14）。2005—2018年期间，全省商品住宅平均销售价格由1687元/平方米增至6686.34元/平方米，年均增幅约385元/平方米，城市商品住宅销售价格与城镇居民可支配收入之间的比值呈抛物线变化，从2005年的0.2上升至2011年最高值0.26，后逐步回落至2018年的0.2（图2-15）。

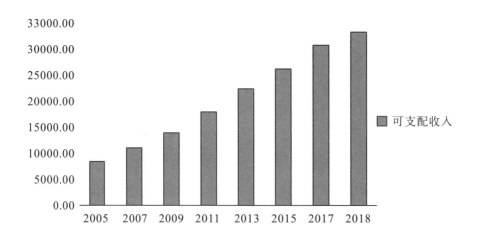

图 2-13　2005—2018 年四川省城镇居民可支配收入变化情况（元）

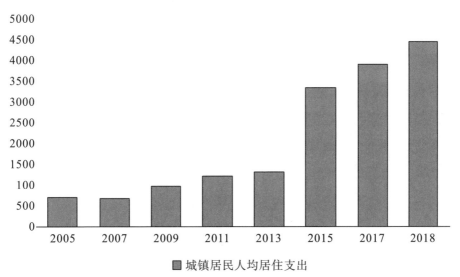

图 2-14 2005—2018 年四川省城镇居民人均居住支出（元）

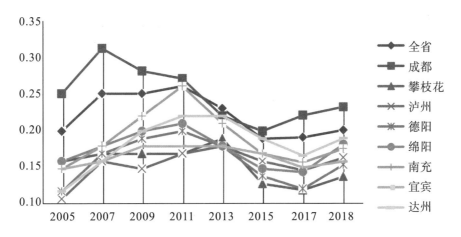

图 2-15 2005—2018 年部分城市商品住宅售价与居民可支配收入比变化趋势

居住环境持续优化

党的十八大以来，四川省着力加强城市居住环境改善，并出台了众多政策文件，主要包括：2015年《四川省"城市基础设施建设年行动"实施方案》提出加快生态园林设施工程建设，改善城市生态环境；2017年《四川省人民政府办公厅关于加快森林城市建设的意见》提出大力实施森林进城、森林环城、森林村镇建设、森林城市群建设、森林文化建设。通过进行省级生态园林城市（县城）命名活动，增强市、县生态园林建设热情和动力。

首位城市居住环境不断改善。《成都市城市总体规划（2016—2035）》提出要将成都打造成为现代宜居国际大都市，根据中国社科院《宜居中国发展指数报告（2017—2018）》①，成都市在全国宜居城市排名中位列第12位，居西南地区首位。根据联合国开发计划署发布的《2016中国城市可持续发展报告：衡量生态投入与人类发展》②指出，在全国35个大中城市中，成都市污染排放总指数为0.27，为全国35个大中城市第六低，水污染排放指数和空气污染排放指数分别为第十低和第五低。

全省城市生态环境逐渐优化，城市生态环境各项指标稳定持续上升。从2013年党的十八大召开到2018年，全省城市绿化覆盖面积从98537公顷升至129331公顷，年均上升约6158公顷。公园绿地面积由20908公顷升至33668公顷，年均增长2552公顷。公园面积由12204公顷上升至18238公顷（图2-16）。

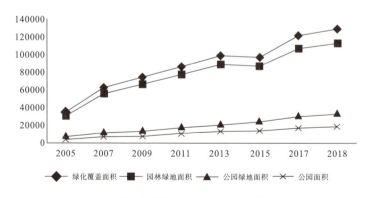

图 2-16 四川城市绿地、园林面积变化情况（公顷）

① 资料来源：刘志明,刘彦平.《宜居中国发展指数报告（2017-2018）》.
② 资料来源：褚大建,联合国开发计划署驻华代表处等.《2016年中国城市可持续发展报告：衡量生态投入与人类发展》.

党的十八大以来，生态环境保护被提上了前所未有的高度，"绿色青山就是金山银山"的理念深入人心。全省城市建成区绿化覆盖率每年以稳定的水平增长，城市污水处理率、垃圾处理率等逐步实现百分百覆盖（图2-17）。近年来，空气质量逐步改善，2018年全省城市空气质量优良天数比例为84.8%，同比上升2.6个百分点，总体污染天数占比为15.2%，PM10、PM2.5年平均浓度持续下降[①]。城市居民对空气质量的变化的感受是所有环境因素中最为敏感的，空气质量的变化将很大程度上影响居民居住质量，同时也将在很大程度上影响城市居民对环境问题的评价。

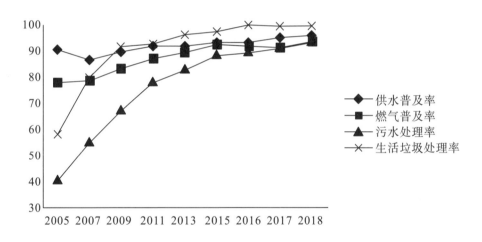

图 2-17　2005—2018 年城市设施水平指标变化情况（%）

出行条件不断改善

随着经济发展水平的提高以及城镇化建设的深入，城市人口数量与日俱增，人口的空间流动需求不断升高，城市交通基础设施条件已经成为影响

---

① 《2018年四川省生态环境状况公报》.

经济社会发展和居民生活水平的重要因素。近年来，四川省城市市政公用设施投资不断增加，城市交通基础设施水平不断提高。2015年全省开展"城市基础设施建设年行动"，明确城市基础设施建设以道路交通设施建设为"头号"工程，以市政管网、防洪排涝、污水处理、垃圾处理、生态园林以及电力通信等为主要方面展开，旨在全面提升城市基础设施建设质量和水平。2018年全省城市公用设施用地面积达74.85平方千米，城市道路长度17831.84千米，城市道路面积37968.36万平方米，其中人行道面积9888.28万平方米，安装路灯道路长度14584.8千米。城市供水管道长度42658.76千米，排水管道长度达33011千米。已建成城市轨道交通226.37千米，在建轨道交通长度348.32千米（表2-1、表2-2）[①]。

总体来看，全省城市道路交通体系基础设施水平处于一个飞速发展的状态，政府对交通设施建设投资逐年递增，城市道路交通质量逐步提升，城市出行条件不断改善。

表2-1　城市基础设施指标一

	人均城市道路面积（平方米）	城市道路长度（千米）	城市道路面积（万平方米）	人行道面积（万平方米）	城市道路照明灯盏数（盏）
2005	10.90	9021.16	15266.45	3112.57	711435
2007	10.33	8128.00	14858.00	3654.00	579685.00
2009	11.50	9083.60	17293.00	4190.00	663422
2011	12.14	10192.45	20258.00	4883.67	750825
2013	13.24	11866.29	24700.00	6524.98	881766
2015	13.63	13377.83	27937.00	7727.2	984428
2016	13.73	14835.17	31352.00	8759.59	1189141
2017	13.72	16076.96	33978.95	9003.97	1344947
2018	14.63	17831.84	37968.36	9888.28	1444071

① 　《中国城市建设统计年鉴》.

表2-2 城市基础设施指标二

年份	安装路灯城市道路长度（千米）	建成区排水管道密度（千米/平方千米）	建成区供水管道密度（千米/平方千米）	轨道交通线路长度（建成、千米）	轨道交通线路长度（在建、千米）
2005	–	6.69	9.75	–	–
2007	6714.00	2.12	11.94	–	–
2009	7959.00	8.53	12.63	–	40.5
2011	8707.60	8.80	12.11	18.52	42.27
2013	7823.53	9.48	12.07	41.3	105.9
2015	10401.25	9.86	13.17	88.12	185.09
2016	12557.02	10.13	14.46	108.46	370.85
2017	13698.09	8.47	13.12	179.46	376.77
2018	14584.8	9.62	13.43	226.37	348.32

城市公共交通体系不断完善，轨道交通系统迅速发展。2005年，四川省出台《关于优先发展城市公共交通的实施意见》以切实解决城市交通拥堵问题、改善居民出行条件为主要目标，明确公共交通主体地位，完善城市公共交通基础设施，大力发展公共交通。以成都市为例，根据相关数据显示[①]，截至2017年，成都市已开通公交线路1153条，线路总里程达1.62万千米。已开通轨道交通线路6条，运营里程达179千米，车站139座。根据《成都市城市轨道交通第三期建设规划编修（2016—2020）》，到2020年成都将形成13条地铁线路，总运营里程达508千米的轨道交通网络，预计约占公共交通出行方式比例为35%。根据《成都市城市轨道交通线网规划（修编）》，远期（2030年）全市共规划新建轨道交通线路29条，总运营里程1709千米，远景规划线路39条，运营里程2392千米。此外，绵阳、泸州、攀枝花、乐山、南充等城市目前正积极规划推进城市轨道交通建设。

---

① 资料来源：高德地图,交通部科学研究院等. 2017中国主要城市公共交通大数据分析报告.北京,2017.

公共服务更加完善

各教育阶段专任教师数稳定提升，全省学校数量基本稳定保持[①]。2018年，全省拥有普通高等学校119所，同比增加10所，专任教师86997名，同比增加3048名；拥有中等职业学校508所，同比减少12所，专任教师46046名，同比减少268名；普通中学4484所，同比增加8所，专任教师304586名，同比增加5779名；小学5730所，同比增加9所，专任教师329927名，同比增加4911名；幼儿园13396所，同比增加153所，专任教师122972名，同比增加5920名（表2-3、表2-4）。可以看出，除中等职业学校以外各教育阶段学校数量和专任教师数量稳中有升，全省教育条件持续向好[②]。

表2-3　四川城市教育条件

年份	学校数（所）					
	普通高等学校	中等职业学校	普通中学	小　学	幼儿园	特殊教育学校
2005	72	383	4995	19305	8875	83
2007	76	392	5093	15834	8580	88
2009	92	360	4809	12437	8562	95
2011	94	656	4704	8847	10162	107
2013	103	595	4630	7257	11759	119
2015	109	550	4590	6487	12365	124
2016	109	526	4555	5981	12903	125
2017	109	520	4476	5721	13243	127
2018	119	508	4484	5730	1396	178

[①]　考虑数据代表性和可得性，采用地区总体教育指标基本反映地区城市教育总体情况。
[②]　《四川统计年鉴》.

表2-4 四川城市教育条件

	专任教师数（名）					
	普通高等学校	中等职业学校	普通中学	小 学	幼儿园	特殊教育学校
2005	44854	21122	258924	307113	36654	1174
2007	55903	21549	269967	306149	39337	1407
2009	61772	23076	279414	306528	45136	1572
2011	67448	48873	285755	305508	57528	1784
2013	76795	45952	292629	305619	77336	2055
2015	84430	46869	293165	308059	96885	2355
2016	85832	46621	294676	314406	105592	2503
2017	83949	46314	298805	325016	117052	2798
2018	86997	46046	304586	329927	122972	2970

　　医疗条件不断提高。2018年末，全省拥有医疗卫生机构81539个，卫生机构床位数59.88万张，医疗卫生人员74.72万人，其中卫生技术人员56.31万人（图2-18）。近年来，医疗卫生与计划生育财政预算连年递增，2013年公共财政医疗卫生与计划生育预算支出487.19亿元，2018年升至880.89亿元，年均增长78.74亿元，年均增幅约16%。医疗保险制度不断完善，2017年全面整合完成城镇居民基本医疗保险与新农合，城乡居民医疗保险制度基本建立。2018年全省基本医疗保险覆盖人数达8763.2万，同比增加463.8万，城镇职工基本医疗保险参保人数1667.67万，同比增加163.37万，医疗保险覆盖面基本实现了城镇居民全覆盖①。全省公共卫生整体实力和疾病防控能力显著提升，居民健康状况持续改善。

---

① 《四川统计年鉴》.

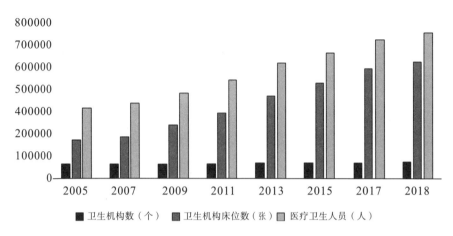

图 2-18 四川省医疗卫生条件部分指标变化情况

绿色居住深入人心

　　绿色居住理念不断生根发芽。十八大以来，"绿色发展理念"，"生态文明就是生产力""绿水青山就是金山银山"的理念成为新时期经济发展的重要指导。近年来，四川省政府始终把生态文明建设放在重要位置，完善制度建设，出台了《四川省生态文明体制改革实施方案》《四川省人民政府关于推进绿色发展建设美丽四川的决定》《四川省灰霾污染方式办法》等一系列环境保护政策。根据调查资料显示① ②，社会公众普遍比较关注环境保护问题，认为固体废物、空气污染和水污染是当前环境问题三个最主要的方面，多数对目前的环境状态表示担忧。同时，民众对环境保护的认知较为局限，环保参与度低，环保意识相对淡薄的特征也较为明显。该调查显示，97.6%的调查者表示需要提高公众环保意识，希望通过电视、网络等多种途径宣传环境保护，提高民众环境保护意识，普及环境保护知识。四川省正着

①　《四川公众2016年环境保护日专项调查报告》.
②　《 2016年四川公众环保意识专项调查报告》.

力构建以绿色出行、绿色消费为主的城市绿色生活体系，倡导绿色生活方式，开展创建节约型机关、绿色学校、绿色社区、绿色家庭、绿色宣传月、公交出行宣传周以及节能宣传周等活动。加强建立立体交通网络建设，增加公共交通覆盖面积，鼓励大众低碳出行，在全社会绿色生活思想观念塑造上，绿色生活设施保障上下大力气。

四川省推动绿色低碳生活理念的行动以公共机构作为开端和突破口。2016年，四川省机关事务局、四川省发改委联合印发《四川省公共机构节约能源资源"十三五"规划通知》，强调开展绿色办公行动、绿色出行行动、绿色食堂行动、绿色信息行动以及绿色文化行动，倡导"一公里内步行、三公里内骑自行车、五公里左右乘坐公共交通工具"的绿色低碳出行方式，推广使用公共自行车、新能源汽车，规定2016年全省公共机构新购置车辆中新能源车辆占比不得低于30%。强调要加强绿色行动宣传，广泛开展节能宣传周、全国低碳日等主题宣传活动，普及生态文明法律法规、树立生态文明理念、培育生态文明道德。计划实施节约能源机构示范工程、可再生能源推广工程以及资源综合利用工程等重要示范性行动。

◎专栏 2-1 成都"公交+慢行"

2017年，成都市成为交通运输部首批50个创建公交都市示范城市之一。成都市计划建立"以轨道交通为主体、常规交通为基础、慢行交通为补充"的多网融合的多元绿色交通出行体系，明确未来公共交通机动化出行比例达到65%，轨道交通分担率60%。

目前成都市已开通地铁线路6条，分别为1、2、3、4、7、10号线，运营里程196公里。远景推荐线网包含46条线路，运营里程达2450公里。至2017年，成都市公交站点500米覆盖率达86%，线网覆盖率73%，城市公共交通出行服务指数排在全国特大城市前列。

　　慢行交通助力城市绿色出行。成都市《城市总体规划（2016—2035）》提出打造高品质基础设施体系，构建城市轨道、地面公交、慢行系统三网融合的城市绿色交通体系。《成都市慢行交通系统规划》规划建设"两网多线"城市慢行交通网络，其中"两网"指的是自行车网和步行交通网络，未来将建成4800公里以上的自行车交通网络和4500公里以上步行交通网络。自行车网络由长距离自行车道、自行车主通道和一般自行车道构成，步行通道由特色步行道、针对学生的通学优先道、散步步行道和一般步行道构成，多线则是指市内多条特色慢行线路。近年，成都市大力建设天府慢行绿道，包括锦江绿道、锦城绿道、熊猫绿道等，计划至2020年建成里程达到750公里。

　　近年来，四川省在绿色建筑领域开展了一系列工作并取得了相当的成就。2013年，四川省发改委与住建厅联合印发《四川省绿色建筑行动方案实施的通知》（以下称《通知》），《通知》强调划定绿色建筑实施标准，建立绿色建材标识体系，建立绿色建筑奖励制度，构建了全省绿色建筑发展框架。2016年，四川省住建厅印发《关于进一步加强绿色建筑评价标识管理工作的通知》，强调完善和加强标识评价工作，促进绿色建筑健康发展。2017年，省住建厅印发《四川省建筑节能与绿色建筑发展"十三五"规划》，《规划》以完善绿色建筑工作政策、法律法规、技术标准、管理体制为主要内容，以推动绿色建筑规模化发展、推广可再生能源建筑、推动太阳能、生物能等绿色建筑技术与产品在建筑中的应用、绿色建筑关键技术与装备研发以及建筑节能改造等为重要内容。2017年住建厅印发《关于进一步加快推进绿色建筑发展的实施意见》（下称《意见》），强调扩大绿色建筑标准执行范围、推进建设绿色生态城区、推广绿色建筑示范工程、推动绿色建材发展。《意见》计划以"适用、绿色、经济、美观"的建筑方针为指导，要求在"十三五"末期完成城镇绿色建筑1.2亿平方米，全省一半的新建建筑要达到绿色建筑标准，新建筑绿色材料应用比例达到40%。

二、住房保障庇寒士

住房保障制度和政策

四川省住房保障制度基本以国家层面出台的相关政策为参照，二者之间的演变历程大体相近。1991年，川府发〔1991〕85号文件提出多途径、多形式推进集资建房、合作建房，在合建住房销售上提出优惠。1995年，川府发〔1995〕180号文件提出加快经济适用房建设，全面推行住房公积金制度，开启了四川省实物住房保障与货币住房保障结合的城镇住房保障体系建设进程。1998年，川府发〔1998〕第77号文件提出构建新型保障住房供应体系，根据城镇居民家庭收入划分住房保障：低收入家庭租住廉租住房，中低收入家庭购买经济适用房。1999年，川办发〔1999〕84号文件提出建立和完善以经济适用房为主，廉租住房、商品房为辅的住房供应体系，大力发展经济适用房。但其后的一段时期内，由于保障住房建设"经济效益差"，地方政府难以实现保障住房有效供给，故而政策多未取得预期效果。2005年，川办函〔2005〕3号文件提出建立健全以经济适用房和廉租住房为主体的住房标准体系。实现租赁住房补贴模式，进一步建立健全以租赁补贴为主，实物配租和租金核减为辅的廉租住房制度。针对房价过高，住房保障供应不足的问题，2007年四川省下发川府发〔2007〕第24号文件，强调建立健全住房保障制度是各级政府的重要职责，明确各地市州2007年底必须建立廉租住房制度。2010年，川府发〔2010〕26号文件提出加快发展公共租赁住房，以

实物配租和租赁补贴为主要保障方式。2014年，川办发〔2014〕64号文件提出建立统一的公共住房租赁制度，实施公共租赁房和廉租住房并轨，推进探索共有产权住房制度，推进探索公共租赁住房"租改售"，至此，现行住房保障体系基本建立（图2-19）。

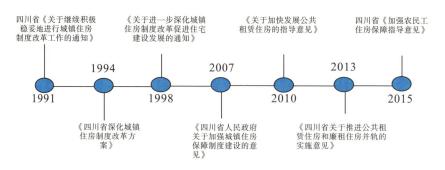

图 2-19　四川省住房制度演进历程示意图

保障住房建设财政税收方面，出台众多税收优惠政策，以促进保障房供给为目标，对新建保障房、保障房经营进行税收减免。财政部财税〔2008〕24号文件提出给予税收优惠政策，支持廉租住房、经济适用房以及住房租赁市场发展。对符合条件的经济适用建设用地予以免征城镇土地使用税，免征廉租房、经济适用房相关的印花税、契税，对出租住房进行免征或者减免部分税种征收。财税〔2014〕52号文件提出在公共租赁住房建设运营过程中，符合相关条件的，可以在城镇土地使用税、涉及的相关印花税、土地增值税房产税等方面予以税收优惠。此外财税〔2015〕139号、财税〔2016〕36号等都从不同方面对住房保障建设给予了税收优惠。

2014年川府发〔2014〕15号文件要求全面推进危旧房屋和棚户区改造，对城市棚户区、城中村、老城区、行业棚户区和危旧房以及小城镇危旧房屋进行综合改造。其后，川办函〔2014〕61号文件要求进一步加强棚户区和各类地区危旧房改造，提高保障房治理。2014年，四川省启动"百万安居工程"，截至2017年已经完成危旧房棚户区改造121.9万套（户）。

2014年《国家新型城镇化规划（2014—2020）》提出拓宽住房保障渠道，以廉租住房、公共租赁住房、租赁补贴等多种渠道保障农民工住房。2014年川办函〔2014〕63号文件计划持续完善基本住房保障体系，加大保障性住房建设力度，增加保障房供应；推进棚户区与农村危旧房综合改造，全面推行公共租赁住房与廉租房并轨，建立以公共租赁住房为主的基本住房保障体系。2015年四川省川府发〔2015〕11号文件，提出统一公共租赁住房制度，实施廉租房和公共租赁住房并轨，探索共有产权住房制度与公共租赁住房"租改售"制度，扩大住房保障覆盖范围，完善农民工住房保障制度。同期，川办函〔2015〕3号文件提出以完善农民工住房保障方式、农民工住房保障市民化、建设完善农民工住房公积金制度方式完善农民工住房保障，规定每年新建成公共租赁住房按一定比例分配给农民工。2016年川府发〔2016〕59号文件提出建立购租并举的城镇住房供应体系，推动住房保障由政府实物保障为主转向货币补贴为主，大力发展住房租赁市场。

针对城镇化快速推进过程中城市新市民的住房问题，川府发〔2016〕65号文件指出，支持将农业转移人口纳入城镇住房保障体系，鼓励市场购买或租赁住房，为符合条件的农业转移人口发放保障住房家庭租赁补贴。2017年川办发〔2017〕27号文件强调从保障城市新市民的住房需求为基点，完善住房保障制度，建立以租、购并举、政府保障与市场结合的综合住房保障体系。

住房保障体系

城镇住房体系不断完善，保障水平不断提高，覆盖范围不断扩大。经过多年的发展，至2014年廉租住房与公共租赁住房并轨，"四川省基本上建立

了以廉租住房、经济适用房、公共租赁住房等为主要保障住房供应和以住房公积金、住房租赁补贴等为主要现金补贴措施的城镇住房保障体系"①。此外，省内部分经济发达、房价相对较高的城市还推行了限价商品房政策。随着保障住房改革的深入，2014年四川省印发《健全住房保障和供应体系专项改革方案》，公共租赁住房与廉租房并轨，同时在省内探索共有产权住房保障制度，为具备一定住房消费能力的居民供应低价的产权型保障性住房，逐步取消经济适用房制度，逐步形成以租赁型保障房与产权型保障房为主的实物型住房保障体系。实物保障、棚户区改造、货币保障并举，共同构建起城镇住房保障体系（图2-20）。

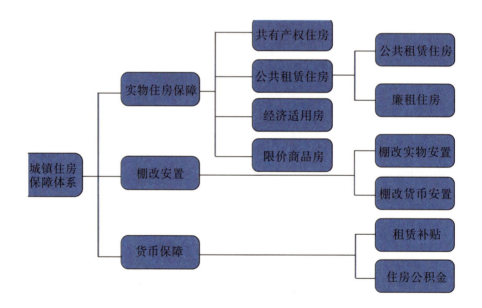

图 2-20　四川省住房保障体系示意图

---

① 资料来源：田焱,刘文杰.《四川城镇住房保障体系发展研究》.2015.

实物住房保障

自2008年开始大规模实行保障性安居工程以来，至2016年，四川省总共建设公共租赁住房、廉租住房（并轨前）、经济适用房等保障性住房90余万套，其中公共租赁住房（含廉租房）68万余套。全省保障性住房收益人群63万余户，其中实物保障约53万户，货币保障约10万户，向农民工提供住房7万余套，惠及20余万农民工。2008—2016年，全省共改造各类城镇危旧房棚户区155万户[1]。2016年开始，四川省全面停止新建保障房，改为分配已建成房屋和货币保障结合的方式进行。

百姓安居工程建设取得显著成就。2009年四川省开始实施"百姓安居工程"，主要以解决农村和城市特困户和低收入家庭住房困难为目标。2009年"百姓安居工程"提出新建廉租房20000套，面积100万平方米；新建经济适用房10000套，面积60万平方米。其后四川省持续实施"十项民生工程"系列工程，以"百姓安居工程"作为十大主要目标之一，每年量化制定廉租住房、经济适用房、公共租赁住房、限价商品房和棚户区改造具体目标。例如，"2013年四川省十项民生工程——百姓安居工程"计划全年新建廉租房、经济适用房等保障性住房8.19万套，完成城市、林区、垦区和国有矿区棚改12.91万套，而2013年实际超额完成目标任务，全年新建成保障性住房8.82万套[2]。截至2015年底，四川省保障性安居工程建设总户数241.8731万套，其中保障性住房92.9824万套，占比38.44%，危旧房棚户区改造户数128.9929万套，占比53.33%。年末发放住房租赁补贴19.8978万套，占比8.23%（表2-5）。2018年，四川省继续实施"十大民生工程系列"，百姓安居工程工作重点放在棚改上，全年计划安排资金77.8亿元，改造危旧房屋

---

① 《四川日报》.http://epaper.scdaily.cn/shtml/scrb/20170606/164865.shtml.
② 四川省人民政府网站（www.sc.gov.cn）.

25.5万套，持续改善城镇居民住房困难问题。

表2-5　四川省保障性安居工程建设情况（截至2015年底）

2015年底保障性安居工程建设情况				
	至2015年底保障性安居工程建设总数（万户/万套）	其中：建设保障性住房（万套）	其中：改造各类危旧房棚户区（万户）	其中：2015年末发放保障性住房租赁补贴（万户）	按2014年底户数测算保障性安居工程覆盖面（万户）
全　省	241.8731	92.9824	128.9929	19.8978	20.75%
成都市	28.6099	17.6208	10.6966	0.2925	11.68%
自贡市	11.7551	3.6493	6.7588	1.347	32.38%
攀枝花市	6.8488	2.9796	3.5788	0.2904	31.71%
泸州市	11.7584	5.3892	5.7807	0.5885	35.85%
德阳市	12.9092	5.3385	6.9942	0.5765	27.06%
绵阳市	11.7112	6.2517	5.1957	0.2638	16.43%
广元市	9.9801	4.9798	3.4788	1.5215	21.33%
遂宁市	9.8686	3.4527	5.3445	1.0714	15.82%
内江市	11.5574	4.542	5.539	1.4764	22.18%
乐山市	8.7087	3.9248	4.3417	0.4422	18.37%
南充市	29.5737	5.1862	20.0848	4.3027	30.81%
宜宾市	12.9073	6.0198	5.8904	0.9971	30.59%
广安市	9.3373	2.729	5.9395	0.6688	18.31%
达州市	10.5027	4.1114	5.7999	0.5914	21.74%
巴中市	15.3267	2.7717	11.4449	1.1101	18.33%
雅安市	4.8492	1.9747	2.7026	0.1719	29.39%
眉山市	10.2114	2.9663	6.2885	0.9566	19.41%
资阳市	8.718	3.8709	4.527	0.3201	16.17%
阿坝州	2.9298	1.0959	1.5982	0.2357	27.64%
甘孜州	4.175	1.4537	1.5633	1.158	53.53%
凉山州	9.6346	2.6744	5.445	1.5152	24.33%

资料来源：四川省住房和城乡建设厅

廉租房为保障住房建设作出重要贡献。廉租房主要为城镇最低收入家庭提供保障性住房，只租不售，以货币补贴和实物配租方式进行。1998年，四川省政府提出，各级单位腾空现有公房或新建廉租房，行政划拨建设用地，给予税收减免、财政补贴，推动加大廉租房供应。限定每户廉租房平均建筑面积60平方米的上限，保证为最低收入水平家庭提供廉租住房。2005年，为进一步深化住房改革，提出构建以住房租赁补贴为主要方式的廉租房制度，并于2007年，要求在全省范围内全面建立廉租住房制度，逐步调整实物配租比例，拓宽渠道保障廉租房建设资金。2014年，实行廉租房与公共租赁住房并轨，并逐步取消廉租房制度，但并轨后保障对象基本不变。至2014年并轨时，全省累计已建设廉租住房27万余套。

公共租赁住房不断完善。2010年川府发〔2010〕26号文件提出加快健全公共租赁住房保障体系，增强保障性住房供应，扩大保障性住房覆盖范围，切实解决城镇中低收入居民住房困难问题。公共租赁住房的保障对象主要为城镇中低收入居民、新就业职工以及具有稳定职业的外来务工人员。保障方式仍然以实物配租和货币补贴为主。公共租赁住房来源主要包括：商品房项目按比例配套建设、外来务工人员集中区新建以及社会主体专门建设经营。四川省从2014年开始全面实施廉租房与公共租赁住房并轨，构建新的公共租赁住房体系。

限价房政策帮助改善住房保障。限价房是规定价格、面积，特定向城镇住房困难群体提供的政策性商品房，四川省限价商品房制度主要应用在成都等经济发达、人口大量聚集、房价相对较高的大城市。以成都市为例，《成都市关于进一步加强城镇住房保障工作的意见》指出，对于年收入低于7万元的家庭，未享受经济适用房保障，且无力购买商品房的，无论是否是本地户籍，只要满足相关要求就可以购买一套限价商品房。

共有产权住房制度探索稳步进行。2014年川办发〔2014〕64号文件提出

在全省启动探索共有产权住房制度，并逐步取消经济适用房制度。共有产权住房的面积要求控制在90平方米以下，自住满5年以后可以上市交易，交易的增值收益由保障对象与政府按照产权比例分配。完善公共租赁住房退出机制，推进公共租赁住房"租改售"，推进政府与保障对象形成共有产权。在成都、德阳、宜宾、乐山和遂宁五城市开展共有产权制度和租改售试点，将公共租赁住房租改售制度纳入共有产权制度管理。

◎专栏 2-2 德阳探索公共租赁住房"租改售"共有产权制度[①]

2014年，四川省统筹实施共有产权住房制度，在成都、德阳、乐山等五城市建立共有产权制度改革试点。在此背景下，德阳市印发《德阳市共有产权住房试点工作方案》《德阳市市区现有公共租赁住房"租改售"共有产权制度试点实施方案》，决定首先在市区建立试点，经验成熟以后逐步推广。以市区黄山路公租房项目作为试点探索"租改售"共有产权，当地住房保障和房屋管理局首先在该项目向居民宣传讲解"租改售"政策，同时在宣传过程中对居民的购买意愿进行了摸底，为随后正式开始"租改售"作了重要铺垫。在该试点项目的承租人可以申请购买公共租赁住房50%~90%的产权，购买比例最低不得低于50%。在租赁或租住并购买满5年以后承租人可以申请购买其居住的该公共租赁住房的全部产权。试点项目的"租改售"参考价格由具体综合建设成本、单套房屋楼层、朝向等因素共同决定。德阳市规定，当租住并购买方居住未满5年同时未拥有该房屋全部产权的，不得将该房屋进行上市交易，但针对特殊情况，比如就医、取得其他住房的，当地住房保障和房屋管理局将按照合同原价将公共产权房收回。

---

① 德阳市住房和城乡建设局网站. http://zhujian.deyang.gov.cn/.

货币住房保障

四川省从1992年开始在全省逐步建立推广住房公积金制度，1995年川府发〔1995〕180号文件要求以全省所有党政机关、群众团体、事业单位和企业固定职工、合同工为对象全面推行住房公积金制度。1995年8月四川省成立住房公积金省级管理中心，主要负责省级行政机关、企事业单位及其他在蓉的企事业单位的住房公积金的管理。早期住房公积金制度是住房分配货币化的重要产物和推动因素，奠定了住房由实物分配转向货币分配的基础。如今，住房公积金已经成为住房金融的重要组成部分，对职工改善居住条件具有重要促进作用。2018年全省住房公积金缴存总额6405.58亿元，同比增加18.23%，当年公积金缴存额987.84亿元，同比增长12.51%。截至2018年全省公积金提取总额3650.88亿元，同比增长21.89%，当年共有221.83万名职工总共提取住房公积金655.62亿元，占当年缴存额77.24%。其中，住房消费类提取506.40亿元，占当年提取额的77.24%，其中住房租赁提取9.85亿元，同比增长48.06%，住房租赁提取人数9.25万人[①]。

住房货币化保障逐渐成为主流。四川省保障性住房初期强调以实物配租的方式进行住房供给，强调以实物配租为主、以租金补贴和租金核减为辅的供应方式。随着住房制度改革的不断深入，为摆脱实物住房保障对象模糊、保障覆盖范围小的困境，住房保障政策逐渐向货币化补贴倾斜，至2016年四川省全面停止保障性住房新建工作，逐步转为以货币补贴为主、库存保障房为辅的供应模式，截至2015年底，全省累计发放保障性住房补贴19.89万户。

---

① 资料来源：四川省住房和城乡建设厅，四川省财政厅，中国人民银行成都分行.《四川省住房公积金2018年年度报告》，2019.

危旧房棚户区改造

　　2009年，四川省启动大规模棚户区改造，对城市棚户区、工矿棚户区、林区棚户区实施改造，计划用三年时间完成面积约2600万平方米的棚户区的改造工作。2014年，《四川省人民政府关于加快推进危旧房棚户区改造工作的实施意见》提出，计划至2017年改造危旧房棚户区150万户左右，并且在2020年之前基本完成全省现有所有危旧房和棚户区的改造工作。同年，四川省推出"百万安居工程建设行动"以加快解决城乡困难居民的住房困难问题,改造工作以城市棚户区、城中村、旧街区、古建筑、行业棚户区以及小城镇危旧房为主要对象，采用住房实物安置与货币安置相结合的安置方式，2016年"百万安居工程"进一步提速，提高货币化安置比例，棚改安置转入以"棚改货币化安置"为主的安置模式，以相关政策优惠鼓励棚改居民自主购买商品房，2017年棚改货币化安置比例达到75%。棚改工作初期，项目资金主要来源于银行政策性贷款，随着棚改工作的深入，资金来源逐渐演变为市带县的政府棚改服务购买模式。截至2017年5月，全省"百万安居工程"已完成改造危旧房棚户区超过100万户，相关的公共服务、基础设施支出超过3000亿元。

◎专栏 2-3 攀枝花西区危旧房棚户区搬迁改造

　　攀枝花西区煤矿藏丰富，煤矿采空区地区危旧房棚户区较多且较为集中，据估计攀枝花西区总共有危旧房棚户区12000余套，按照四川省、攀枝花市关于危旧房棚户区改造的要求，西区政府从2017年开始实施西区危旧房棚户区搬迁改造工作。为保障搬迁改造工作顺利进行，西区成立棚户区改造领导小组，按照西区住房城乡建设局的计划，在2017年改造8319套，2018年改造5184套。2017年西区分三批次对辖区内危旧房棚户区进行改造，改造范围包括大宝鼎街道、摩梭河街道、陶家渡街道、玉泉街道、清香坪街道、河门口街道以及格里坪镇。以2017年第三批次为例，改造对象包括西区的格里坪镇、摩梭河街道、清香坪街道、陶家渡街道和玉泉街道，采取货币化安置的方式对搬迁改造安置居民发放补偿金，补偿金主要针对住宅类和非住宅类两个主体，住宅类补偿金由标准补偿、政策性补偿以及搬迁奖励三部分构成，标准补偿包含房屋价值补偿、搬迁补偿、临时安置补偿、设施设备损失补偿以及室内装饰装修价值补偿；政策性补偿包含货币化安置补贴和购房补贴；非住宅类货币化安置补偿金包含房屋价值补偿、搬迁补偿、停产停业损失补偿、设施设备损失补偿以及搬迁奖励等。

农民工住房保障

四川省是劳务输出大省，每年都有数以千万计的农民进入川内或川外大中城市务工，作为农民工城市生活主要方面的居住问题成为保障农民工基本权益的重要目标之一，农民工居住条件的改善有利于吸引更多农村人口进入城市，一定程度上加快城镇化建设进程。2017年末，四川省农村劳动力转移总数约2505万人，其中省内转移约1325.6万人，省外转移约1174.6万人[1]。据分析[2]，外出农民工居住类型主要有单位宿舍、工棚、生产经营场所居住、合租、单独租住与自购、回家居住，其中前三者占比约35.8%，合租占比20.5%，单独租住与自购房占比24.8%，回家居住占比13.9%（图2-21）。可以看出，农民工居住类型多样，住房来源复杂，同时农民工住房具有极大的需求空间，但由于农民工通常情况下收入偏低，住房租赁、购买能力相对较

---

[1] 资料来源：四川省人力资源和社会保障厅.《2017年四川省人力资源和社会保障事业发展统计公报》.

[2] 罗鹏.《四川农民工就业"回流"现象明显》.四川省情,2017.

低，导致农民工居住条件相对较差。农民工居住条件的改善要求城镇住房保障体系发挥更好的作用。

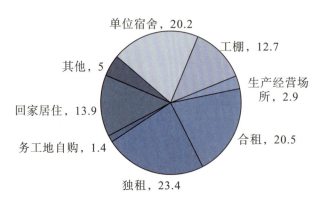

图 2-21　2017年四川省农民工居住类型（%）

农民工住房保障制度设计逐步完善。2013年四川省住建厅发布《关于印发2013年全省住房保障工作要点》（川建保发〔2013〕78号）和《关于印发〈"农民工住房保障行动"工作方案〉》，于同年率先在全国启动"农民工住房保障行动"，从新建的公共租赁住房中按一定比例（2014年确定为30%）供给农民工，至2017年累计向农民工提供保障性住房7万余套。2015年省政府办公厅印发《加强农民工住房保障工作指导意见》（以下简称《意见》），《意见》指出要完善制度设计，对在城镇具有稳定职业并已经工作一定年限的农民工提供公共租赁住房，促进农民工市民化，均等农民工和城市居民住房保障，为困难农民工提供基本住房保障。《意见》要求2015年6月底前健全农民工住房保障体系，建立农民工住房公积金制度。随后，各个市州相继展开农民工住房保障工作。同年，四川省发布《四川省人民政府关于进一步做好农民工服务工作的意见》（川府发〔2015〕21号）强调逐步改善农民工居住条件，推进农民工住房保障制度化，推进城镇住房保障体系覆盖农民工，持续实施"农民工住房保障行动"，支持农民工自购住房，加强农民工集中区建设单元房和宿舍型公共租赁住房，推动将符合条件的农民工纳入公积金实施范围。

农民工住房保障取得显著成效。2013年3月四川省开始实施"农民工住房保障行动"，至当年12月全省农民工公共租赁住房建设规模65729间，包含39614间成套型公租房，其中当年完成建设25047套，宿舍型公租房26115间，当年完成建设24719间①。行动实施当年总共约10万左右农民工从该行动中受益。至2017年，全省累计向农民工提供公共租赁住房超过7万套，受益农民工数量超过20万人。

◎专栏 2-4　农民工住房保障，成都在行动

成都市是全省经济中心，是省内最主要的农民工聚集地，每年都有大量的农民工来到成都。数量巨大的农民工对成都的经济发展产生着重要的影响，但住房问题始终制约着农民工更好地融入城市生活。2008年，成都市要求在蓉企业与农民工签订合同时必须明确住房权益，《成都市房管局关于促进进城务工农村劳动者进城定居的实施办法》规定进城务工人员购买小户型商品房，将全额补助相关契税中地方所得部分。2008年5月，成都市宣布满足经济适用房申请资格的农民工可以申请购买经济适用房，并将农民工购买的经济适用房统一纳入城镇政策性住房管理体系，当年成都市4个在建经济适用房项目全部35万平方米都将向农民工开放。同年，成都市第四批限价商品房首次将农民工纳入申购范围，该项目包括"北回归线""红枫岭""上东锦城"以及"两河锦地"，非本地户口进城农民工只要缴纳社保或职工保险满2年，与成都市本地居民享受同样的限价房购买政策。2008年，成都市出台《成都市进城务工农村劳动者住房公积金管理暂行办法》，规定农民工

---

① 资料来源：《农民工保障性住房研究报告》.

住房公积金租房也能提取。2010年，成都市专门针对进城务工人员开展集体公寓和集体宿舍建设工作，在农民工较为集中的区域配建集体宿舍和集体公寓，土地采用行政划拨的形式，同时免收行政事业费和政府性基金。2015年成都市规定家庭年收入不超过4万元，且满足其他相应条件的外来务工人员可以申请公共租赁住房，2018年将年收入低于10万元的外来务工人员家庭纳入公共住房租赁补贴对象范围。

住房保障做法及成效——以成都市为例

成都市保障性住房建设不断取得新成就，住房保障体系不断完善，政府住房保障职能不断强化。成都市保障性住房建设的步调基本与国家、四川省对于保障性住房体系建设的步伐一致。成都市保障性住房建设开始较早，目前已经基本上形成了较为完备的以公共租赁住房、经济适用房、限价商品房为主要内容的实物住房保障体系和以公积金、租赁补贴为主的货币住房保障体系。

住房保障政策不断健全完善。2006年《成都市城市公共住房制度实施方案（试行）》提出以解决城市中低收入家庭住房需求问题为导向，在主城区范围内建立公共住房分层援助体系，以廉租住房、经济适用房和住房补贴分别对不同对象进行分层住房援助，次年《成都市人民政府关于进一步加强和完善中低收入家庭住房保障工作的意见》进一步强化开展住房保障工作，完善公共住房体系。同年成都市印发《成都市城市最低收入与低收入家庭住房保障实施细则》，明确住房保障具体实施细则。《成都市住房建设规划（2006—2010）》提出在规划期内新建公共住房（含经济适用房和廉租住房）540万平方米。为拓宽保障性住房来源渠道、加大保障力度、更好地满足中低收入群体的住房需求，自2007年开始成都市大力加强公共租赁住房建设，2010年《成都市人民政府关于进一步加强城镇住房保障工作的意见》《成都市人民政府关于贯彻国务院〈关于解决城市低收入家庭住房困难的若干意见〉进一步加强公共住房制度体系建设的意见》要求大力推动廉租住房和经济适用房建设；规范限价商品房建设管理，在中心城市建设限价商品房；扩大保障范围，解决技术人才住房问题；推行公共租赁住房保障方式。其后《成都市人民政府关于发展公共租赁住房的实施意见》提出对符合条件的中低收入无房家庭、单身无房职工、进城务工人员以及特殊引进人才实行实物配租为主、货币补贴相结合的方式提供公共租赁住房保障，并对租金标准和租赁管理作了明确界定。2014年《成都市人民政府办公厅关于进一步推进五城区棚户区改造工作的实施意见》强调提升城市品质，不断改善住房条件，进一步推动在五城区范围内实施棚户区改造，并以《成都市2013—2017年棚户区改造实施规划》作为实施参照，安排一系列政策支持。2015年《成都市人民政府办公厅关于进一步加快推进五城区城中村改造的实施意见》提出在五城区范围内进一步推进城中村改造更新工作，并对改造工作的规划管理、土地利用等方面进行了明确说明。2017年成都市出台《成都市住房保障五年规划（2017—2021）》，提出完善租赁型住房、产权型住房以及货币化补贴的"租售补"住房保障方式，探索共有产权保障住房，实现基本住房保障"应保尽保"、棚户区"应改尽改"。提出计划至2021年底，全市住房保障覆盖人口达到45万户。根据实际发展情况，成都市对住房保障政策不断进行完善健全，公共租赁住房保障覆盖范围持续扩大，保障标准不断提高。

人才安居工程持续推进。2010年成都市政府在关于发展公共租赁住房的意见政策中提出对政府引进的特殊专业人才可以不受收入限制地申请公共租赁住房。此后成都进一步完善人才安居工作，2017年，为进一步细化完善人才住房保障服务，成都市《关于创新要素供给培育产业生态提升国家中心城市产业能级的人才安居工程的实施细则》按照A、B、C、D四类对成都市

急需紧缺人才、高端人才以及产业高技能人才实施"人才安居工程"。人才安居工程以购房支持、人才公寓、产业新城（工业园区）配套住房以及自建公寓等方式进行。同年11月成都市《住房保障五年规划（2017—2021）》提出建立统一的人才安居政策体系，确定人才安居范围，优化人才住房供给体系，计划在2017—2021年间新建人才公寓和产业园区配套住房2771万平方米（表2-6）。

表2-6　成都市人才安居工程主要指标（单位：万平方米）

项目	2017	2018	2019	2020	2021	合计
人才公寓	331	376	431	511	581	2230
产业园区配套住房	50	78	127	144	142	541
合计	381	454	558	655	723	2771

资料来源：成都市《住房保障五年规划（2017—2021）》

农民工住房保障不断完善。成都市是省内农民工主要聚集城市，近年来，成都市针对农民工住房保障问题采取了一系列措施。2008年将农民工首次纳入限价房保障对象范围，符合条件的农民工可参与限价房申请，同年五月，成都市针对满足条件的农民工开放经济适用房申请。同时大力推进集体公寓和集体宿舍建设，在较为集中的区域建设集体公寓和集体宿舍。2015年出台政策，将符合申请条件的农民工纳入公共租赁住房保障对象范围。成都市目前基本形成了以公共租赁住房、经济适用房、限价商品房、住房公积金以及集体公寓和宿舍为主要内容的完善的住房保障体系。

◎专栏 2-5 成都市农民工保障性住房主要申请条件和流程信息

公共租赁住房	经济适用房	限价商品房
申请条件（同时符合）：在五城区务工的本市户籍农民工；家庭年收入低于5万元；家庭人口两人以上的主申请人需成都户籍并五城区（含高新区）缴纳城镇职工社会保险；无城镇自有产权住房（包括"新居工程"的安置房）及其他用途房屋	申请条件（条件之一）：在五城区务工的成都户籍农村务工人员，年收入低于7万元或年收入低于3.5万元的单身或无自住房家庭；主申请人在五城区务工并连续三年缴纳城镇职工社保且年收入低于7万元、无自有住房的非成都户籍外来务工农村人员	申请条件（同时符合）：成都户籍或持居住证并与用工单位签订合同并缴纳一定年限城镇职工社保；个人年收入低于5万元；未在中心城区承租公房或拥有自有产权住房

资料来源：成都市城乡房产管理局网站（www.cdfgj.gov.cn）

危旧房棚户区改造。成都市2014年发布《关于进一步推进五城区棚户区改造工作的实施意见》提出按照Ⅰ类、Ⅱ类、Ⅲ类的顺序优先原则对中心城区以拆旧建新、改建、综合整治等方式进行改造。改造工作由市房管局牵头，市房管局住房保障中心作为主要融资单位，改造亏损由市、区两级财政平摊。编制《成都市2015—2017年棚户区改造实施规划》，对改造对象、改造方式、总体目标进行了明确界定，目标在2015—2017年共改造棚户区47500户，改造面积375万平方米，其中中心城区20330户，改造面积145万平方米，到2017年基本消除中心城区棚户区。2017年成都市《住房保障五年规划（2017—2021）》计划在下一个阶段，完成城中村和棚户区改造8.69万

户，至2021年底实现棚户区应改尽改，基本消除棚户区。

保障性住房总体建设情况。2006年至2017年，成都市保障性住房完工项目218个，中心城区（包含高新区）59个，占比24.77%。预计到2020年，全市竣工保障性住房项目数量达到235个。截至2018年7月，全市共有公共租赁住房集体合租配租1385户，住房租赁企业50余家[①]。近年来，每年《成都市政府工作报告目标》对年度保障性住房建设工作均作出明确规定，以2018年为例，全年计划发放公共租赁住房补贴2462户，人才安居工程建设面积883万平方米，完成棚户区改造9486户[②]。

◎专栏2-6 四川省保障性住房建设进度情况（2010—2015年）

年 份	完成情况
2010	新增保障性住房房源17288套；发放廉租住房租赁补贴20744户；改造棚户区1.62万户
2011	新开工保障性住房6.47万套，其中廉租房8010套、经济适用住房5235套、限价商品住房9000套、公共租赁住房34000万套；改造棚户区8550套；发放租赁补贴17129户
2012	新开工保障性住房52151套，其中廉租房2389套、经济适用房3447套、限价商品房7762套、公共租赁房31873套、棚户区改造6680户，竣工保障性住房20000套
2013	新开工保障性住房22000套，其中廉租住房2000套、公共租赁住房12369套、限价商品住房2300套、经济适用住房5331套，竣工保障性住房27621套；完成棚户区改造2500户；发放租赁补贴7470户
2014	新开工保障性住房17196套，其中公共租赁住房15179套、限价商品住房1017套、经济适用住房1000套，竣工各类保障性住房21082套和23288套；发放租赁补贴6969户，其中新增1512户，向农民工分配公租房源1700套；完成棚户区5800户；保障性住房公积金个人贷款5.4亿元
2015	新开工保障性住房5614套，竣工保障性住房19524套；新增发放租赁补贴880户；住房公积金个人贷款3亿元

---

① 成都市公共数据开放平台（www.cddata.gov.cn.）
② 成都市人民政府网站（www.chengdu.gov.cn.）

第 三 章

空间：互联互通的力量

四川城市读本

　　本章以空间视角为出发点，从四个维度介绍四川城市互联互通、协调发展。

　　首先是城市群的维度。四川四大城市群呈现出了差异化和阶梯化的发展特点。成都平原城市群定位西部核心增长极，是四个城市群中综合发展水平最高的城市群；川南城市群下辖各城市经济实力较接近，重要任务在于加快发展中小城市；川东北城市群基础设施相对比较完善，但区域内城市差距较大，未来发展需要注重协调性；攀西城市群是资源型地区，绿色发展基础好，资源环境保护为未来发展重要方向。

　　第二是城市边界的维度。大多数地级市城区面积基本保持不变，而建成区面积却有相对明显的提升，说明一味地扩张城区面积，地理范围上的城市化已经成为过去，在现有城区面积的基础上完善内部基础设施才能真正提升城市化水平。另外通过行政区划调整，四川城市空间布局持续优化。

　　第三是城市内部更新的维度。城市不断发展，城市问题也不断出现，城市更新是目前城市解决自身问题、协调内部机能的良好途径。城市更新的类型虽然不同，但都能为城市发展提供助推力。

　　第四是特色小镇的维度。四川省作为全国建制镇最多的省份，小城镇的发展是城市持续发展的基础，是城市与城镇之间额纽带。四川省特色小镇的建设能促进城市与城镇之间的互联互通。

空间

互联互通的力量

四大城市群

城市边界延伸

城市互联互通

城市内部更新

特色小镇建设

目前四川有 **4** 个城市群，分别为成都平原城市群、川南城市群、攀西城市群和川东北城市群

四川省目前的行政区划共辖 **21** 个市州，包括18个地级市和3个自治州

2018年城市建成区面积达到 **2530.25** 平方千米，相比上一年增加 5.75%

特色小镇建设工作于 2016 年启动，经过三年的培育，四川省目前有 **83** 个省级特色小镇（含 **29** 个国家级特色小镇）

3

一、四大城市群

背景和条件

　　加强区域内城市群建设，作为实现地域空间组织从量变到质变的重要过程，既符合城市发展的客观规律，又能实现经济功能的合理配置。我国的"十三五"规划纲要中指出：要加快城市群建设，增强中心城市辐射带动功能，加快发展中小城市和特色镇，形成"两横三纵"城市化战略格局。十八大报告中提出"科学规划城市群规模和布局，增强中小城市和小城镇产业发展、公共服务、吸纳就业、人口集聚功能。加快改革户籍制度，有序推进农业转移人口市民化，努力实现城镇基本公共服务常住人口全覆盖"。推动地区城市群加快发展，已经成为我国经济新的增长引擎，城市群协调发展战略将是引领中国未来区域经济发展的重要战略。

　　近年来，四川省城市群建设也在稳步推进之中。一方面，随着四川省经济迅速发展，城镇人口集聚现象更为显著，城市规模也随之扩大。另一方面，四川省铁路、高速公路等交通运输条件的改善以及小汽车的应用普及，极大程度地扩展了城市人口的活动范围。城市间的经济联系越来越紧密，彼此之间的影响也不断加深。充分发挥城市群之间战略联系越来越重要。

　　针对四川省内城市群的建设与发展，四川省"十一五"规划纲要中提出"要充分发挥成都市的辐射和带动作用，重点发展成都平原、川南、川东北三个城市群"。2007年，省委九届四次全会决策部署推进新型工业化与新型城镇化互动发展，并提出"推进新型城镇化要重点打造成都平原城市群、川南城市群、攀西城市群和川东北城市群等'四大城市群'，加快建立以成

都特大城市为核心，区域大城市为骨干，中小城市和小城镇为基础的城镇体系，培育新的经济增长极。"标志着四川省城镇化建设全面启动，以城市群发展带动城镇化进程驶入发展的快车道①。

2017年7月，四川省住房和城乡建设厅发布《四川省住房城乡建设事业"十三五"规划纲要》，再次指出"'十三五'期间，四川省要率先发展成都平原城市群，构建一体化城市群空间形态；大力发展川南城市群，构建多中心城市群空间形态；加快建设川东北城市群，构建开放型网络状城市群空间形态；积极培育攀西城市群，构建点轴状城市群空间形态；合理引导川西北生态经济区城镇发展，构建点状城镇化发展格局。到2020年，基本形成以成都特大城市和四川天府新区为核心，大城市和中等城市为骨干，小城市和小城镇为基础，布局合理、形态适宜、层级清晰、功能完善的现代城镇体系"。

构成和分布

2011年12月发布的《四川省"十二五"城镇化发展规划》明确划分了四川省四大城市群的范围和城市等级（表3-1）：

成都平原城市群以成都为中心，涵盖德阳市、绵阳市、资阳市、眉山市、乐山市以及雅安市主城区，面积约5.82万平方千米，是四川省自然条件最好的区域。

川南城市群包括川南的自贡市、泸州市、内江市、宜宾市以及乐山市（不包括主城区、夹江县及峨眉山市），面积约4.42万平方千米。川南城市群位于川、滇、黔、渝三省一市的交界处，既能承接成渝，又能辐射云贵北部，其中自贡、泸州、宜宾、内江城市群空间结构呈三角状，彼此相距不到

---

① 四川省人民政府.《四川省四大城市群经济实力研究》.http://www.sc.gov.cn/10462/10464/10465/10574/2014/1/8/10290302.shtml.

100千米，最有潜力成为成渝经济能量交换的区域。

川东北城市群主要包括广元、遂宁、南充、广安、达州、巴中等市，面积约8.2万平方千米，是成渝经济区重要的经济腹地。近年来，达成铁路、成南高速公路、广南高速公路、达渝高速公路等铁路、公路交通干线的建成通车有效地改善了区域经济社会发展条件，南充、广安、达州等城市迅速发展，川东北城市群逐渐发展成为省内第三大城市群。

攀西城市群以攀枝花和西昌为核心，主要包括攀枝花市、凉山州以及雅安市（除主城区、名山县外），面积约6.7万平方千米，是西南地区大型钢铁、钒钛冶炼基地和水电基地、蔗糖基地。攀西城市群位于南部，与云南交界，通过成昆铁路和雅攀高速连接四川盆地和云南部分地区，是我国优势资源富集区和重点开发区。作为成渝经济区的一个亚中心，攀西城市群凭借优势的地理位置、资源禀赋以及工业基础成为成渝经济区重要的战略支点。是我国具有世界影响力的资源富集区和我国优势资源开发的重点地区。其作为成渝经济区建设的一个亚区域中心，凭借其特殊的地理区位、丰富资源禀赋及工业发展基础，成为成渝经济区发展的一个重要战略支撑点。

表3-1 四川省四大城市群范围及城市等级

城市群	规划城市的等级	地区
成都平原城市群	成渝经济区核心城市	成都
	特大城市	德阳、绵阳
	大城市	乐山市主城区、眉山市、资阳市、雅安市主城区、都江堰市、简阳市

续表3-1

城市群	规划城市的等级	地区
成都平原城市群	中等城市	彭州市、邛崃市、崇州市、广汉市、绵竹市、中江县、江油市、三台县、峨眉山市、仁寿县、安岳县
	小城市	大邑县、蒲江县、新津县、什邡市、罗江县、盐亭县、平武县、安县、梓潼县、北川县、夹江县、彭山县、洪雅县、丹棱县、青神县、名山县、乐至县
川南城市群	特大城市	自贡市、泸州市、内江市、宜宾市
	中等城市	荣县、富顺县、合江县、资中县、威远县、隆昌县
	小城市	泸县、叙永县、古蔺县、江安县、长宁县、高县、筠连县、珙县、兴文县、屏山县、犍为县、井研县、沐川县、峨边县、马边县
攀西城市群	特大城市	攀枝花市
	大城市	西昌市
	小城市	米易县、盐边县，荥经县、汉源县、石棉县、天全县、芦山县、宝兴县，木里县、盐源县、德昌县、会理县、会东县、宁南县、普格县、布拖县、金阳县、昭觉县、喜德县、冕宁县、越西县、甘洛县、美姑县、雷波县
川东北城市群	特大城市	南充市、达州市
	大城市	广元市、遂宁市、广安市、巴中市
	中等城市	射洪县、阆中市、南部县、邻水县、宣汉县、大竹县、渠县、平昌县
	小城市	剑阁县、旺苍县、青川县、苍溪县、蓬溪县、大英县，西充县、营山县、仪陇县、蓬安县、华蓥市、岳池县、武胜县，万源市、开江县、通江县、南江县

资料来源：《四川省"十二五"城镇化发展规划》

注：
1. 受数据可得性的限制，本报告将乐山市和雅安市统归类为成都平原城市群，下同。
2. "特大城市"指规划人口100万人以上；"大城市"指规划人口50万～100万人；"中等城市"指规划人口20万～50万人；"小城市"指规划人口20万人以下。

现状和比较

四川省四大城市群的经济发展都取得了较为显著的成绩，四大城市群的经济总量均超过2000亿元，年均增长率均高于全国GDP增速，但城市群间差异显著（表3-2）。

表3-2　2018年四大城市群经济发展情况

城市群名称	地区生产总值（亿元）	2011—2018年年均增速（%）	人均生产总值（元/人）	城镇化率（%）
成都平原城市群	24444.20	10.63	69770.80	60.56
川南城市群	6539.80	9.05	42194.98	50.30
攀西城市群	2706.71	7.37	44054.52	41.92
川东北城市群	7615.56	8.79	30967.63	45.83

资料来源：《四川省统计年鉴2012》《四川省统计年鉴2019》

经济总量方面，成都平原城市群在2018年地区生产总值高达24444.20亿元，占四大城市群生产总值总量的59.18%，居于四大城市群发展之首，是排在第二位的川东北城市群的3.73倍。

GDP增速方面，2018年四大城市群的GDP都保持着较快的增长速度。2011年至2018年间，成都平原城市群地区生产总值的年均增长率为10.63%，是全省首要经济增长极。川南城市群生产总值的年均增速超过全省平均增速，达到9.05%，位于第二位。川东北城市群和攀西城市群生产总值的年均增速相对较低，均低于四大城市群的平均年增速水平，分别为8.79%和7.37%。

人均GDP方面，2018年四大城市群中仅成都平原城市群人均GDP高于全国平均水平（2018年全国人均GDP64520.7元），处于相对较高的人均GDP水平；攀西城市群和川南城市群虽排名位于第二、三位，但是与成都平原城市群还有很大的差距（存在约25000元的差值），需要很长时间的发展才能逐渐缩小差距；川东北城市群以人均GDP30967.6元的水平排在四大城市群的最末位，对比地区生产总值的数量和排名，可以看出川东北地区下辖市之间的经济发展差距较大、不均衡，需要加强经济的协调性发展。

城镇化发展方面，四大城市群的城镇化率正快速提升，但与全国平均水平相比，仍存在着不小的差距。2018年四大城市群中，仅成都平原城市群的城镇化率略高于全国城镇化率（2018年全国城镇化率为59.58%）。川南城市群和川东北城市群的城镇化率分别为50.30%和45.83%，而攀西城市群的城镇化率为41.92%，均低于全国水平。四大城市群在城镇化发展方面仍有待提升。

◎产业发展

从各产业发展情况来看，城市群各产业间的比重更趋近于合理水平（图3-1）。其中，成都平原城市群第一、二产业增加值比重分别由2011年的9.81%和50.19%下降为2018年的6.84%和43.38%，第三产业占比由2011年的40%上升到2018年的49.78%。整体看来，四川省四大城市群中的第一、二产业占比呈下降趋势，第三产业占比稳步上升。

图 3-1　2018 年四川四大城市群三产比重

资料来源：《四川省统计年鉴 2019》

虽然四川省四大城市群的产业结构发展相对合理，但较全国水平相比仍存在着差距。根据国家统计局公布的数据，2018年我国第一、二、三产业产值比重为7.0：39.7：53.3。其中：第二产业增加值的占比低于产业结构最优的成都平原城市群；第一、三产业增加值占比又高于成都平原城市群。因此，经济结构转型与发展方式转变成为各城市群实现可持续发展的必然路径。

加快经济结构的转型和发展方式的转变是各个城市群实现可持续发展的必然选择。

◎文化与科技

近些年，随着人均收入的提升，居民对文化活动的需求量日益增加。为了满足广大居民的文化需求，四川省四大城市群在文化与科技方面，加大投资力度，并取得了较好的成绩（表3-3）。其中，四大城市群的公共图书馆数量由2011年的155个增加到2018年的171个，而在这之中，攀西城市群和川东北城市群的公共图书馆增加量都为5个，成都平原城市群增加4个，川南城市群增加2个。在医疗方面，四大城市群的卫生机构数量由2011年的71893个，增加至2018年的77079个，共增加5186个。其中，成都平原城市群和川东北城市群卫生机构数增加较多，分别为2757和1165个；川南城市群和攀西城市群卫生机构数增加较少，分别为1031和233个。在科技研发方面，成都平原城市群无论是科研人员数还是经费支出情况都遥遥领先与其他城市群。四大城市群科研人员总数为80773人，成都平原城市群占全部科研人数的87.34%，而在科研经费支出方面，成都平原城市群占比为85.67%。可见成都平原城市群的科研水平发展较好。

表3-3 2018年四大城市群文化与科技发展情况

城市群名称	公共图书馆机构数（座）	卫生机构数量（个）	科研人员数（人）	科研经费支出（万元）
成都平原城市群	72	28441	70546	6303245
川南城市群	30	15418	5366	534493
攀西城市群	24	6305	1325	187735
川东北城市群	45	26915	3536	331771

数据来源：《四川统计年鉴2019》

◎道路交通

近年来随着省内高速公路等道路交通基础设施的不断完善，一方面公路里程数得到了较大的提升，另一方面道路交通的运输环境也得到了较大的改善（表3-4）。其中，攀西城市群公路总里程由2011年的26842.40千米增长到2018年的32397.99千米，增长率达20.7%，等级公路里程数增长了52.47%，增长速度居于四大城市群首位。而在绝对值方面，川东北城市群在2011—2018年间，公路总里程数增加了13224.2千米，是成都平原城市群的1.15倍，是川南城市群的2.38倍。

表3-4 四大城市群道路交通情况（单位：千米）

城市群名称	2011年公路总里程	2011年等级公路里程	2018年公路总里程	2018年等级公路里程
成都平原城市群	83858.48	65791.36	95367.29	88413.74
川南城市群	45585.64	31434.004	53181.86	47221.02
攀西城市群	26842.40	18765.44	32397.99	28610.83
川东北城市群	89015.44	72726.646	102239.59	93815.36

数据来源：《四川统计年鉴2012》《四川统计年鉴2019》

二、城市边界延伸

目前，四川省的大部分城市还处在积极建设的过程中，城市的边界不断在扩展，建成区面积也在不断增加。随着城市化水平的上升，各市行政区划每年也会有些许调整。

城市建成区面积持续扩大

四川省是一个农业大省，但近些年城市建设的步伐一直未停下。而城市空间迅猛增大、城市边缘不断外扩是城市建设最明显的特点。通过整理近几年的四川统计年鉴相关数据，我们可以看出，四川省从2011—2018年，地级市建成区总面积每年都在不断扩大，从2011年的1471.07平方千米上升到2018年的2530.52平方千米。同时，建成区面积年增速虽然波动很大，但基本处于一个较高的数值，2012—2014年增速一直保持在8%左右，2015年增速突然降低到3.26%，但2016年又迅速上升，增速达到了16.46%（图3-2）。

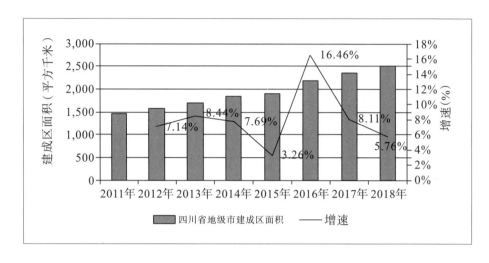

图 3-2　四川省地级市建成区总面积年度变化（2011—2018 年）

◎城市面积增长比较

在四川省城市建成区总面积不断增加的趋势下，每个城市空间扩张情况各不相同，城区和建成区面积的扩张情况也各有特点，有些城市空间扩张速度快，增量明显，但有些城市空间扩张不明显（表3-5）。

表3-5 四川省城市城区、建成区面积年度变化（单位：平方千米）

城市	2011年 建成区	2012年 城区	2012年 建成区	2013年 城区	2013年 建成区	2014年 城区	2014年 建成区	2015年 城区	2015年 建成区	2016年 城区	2016年 建成区	2017年 城区	2017年 建成区	2018年 城区	2018年 建成区
成都市	483.4	780	515.5	780	528.9	808.7	604	862	615.71	1194	837	1277.19	885.961	1281.89	931.58
德阳市	61.33	65.1	64.29	74	69.79	74.01	72.1	180	74.55	179.7	75.1	193.59	85.71	193.59	89.24
绵阳市	103	465	107.5	465	110	465	118	465	125	479.7	139	480.5	149.52	497	158.62
乐山市	55.82	93.2	64.1	167	68.01	166.7	72.9	368	74.34	368.4	75.8	368.42	77.35	349.59	77.08
眉山市	44.8	56.5	45	56.5	45.2	71.58	60.6	293	62.38	253.6	63.7	253.56	64.79	253.56	65.94
雅安市	21	197	27.9	197	29.2	196.9	30.5	197	33.14	196.9	33.8	196.89	36.61	196.89	38.26
资阳市	38	181	41.04	185	43.03	186.9	44.7	187	45.2	186.9	49.2	186.87	50	249.23	50
内江市	42	204	45.2	240	58.01	278.9	66.1	279	71.14	278.9	76.2	278.93	81	278.93	85.21
自贡市	90.13	779	100.2	778	106.5	778.3	109	778	112.08	778.3	116	778.32	120.18	778.32	124
泸州市	93.6	411	101.1	411	109.4	411.4	113	411	120.07	411.4	136	411.38	153.88	411.38	169.01
宜宾市	66.37	97.4	79.85	104	93.52	111.7	80.4	127	87.27	139.8	94.2	146.35	102.31	181.2	134.31
攀枝花市	59.56	327	66.39	327	69.38	326.7	72.1	343	74.08	373.1	76	342.56	78.51	342.56	81.05
广元市	41.44	217	45	217	50.43	216.7	53.8	217	56.34	216.7	59.5	216.7	62.24	216.7	64.25
遂宁市	66.87	299	69.08	299	75.9	302.8	75.9	316	75.94	316	79	316	80.53	316	83.94
南充市	90.6	420	101	420	109	420	113	420	115.34	420	120	420	133	420	145
广安市	31	111	34	141	46.9	141.8	47.5	142	50.05	141.8	52.6	136.2	67.76	137.2	72.43
达州市	64.2	89	50.95	159	68	159	72.5	159	74.13	159	76.7	160	107.78	157.37	100.3
巴中市	18	160	18	160	28	160.3	33.7	160	33.66	160.3	53	160.29	56	160.29	60.03

数据来源：《四川统计年鉴 2012—2019》

从表3-5和图3-3、图3-4中可以看出：不论城区面积方面还是建成区面积方面，成都市作为四川省省会城市、国家中心城市，都处于不断增加的状态，且在2016年有明显的增量，2016年后增速开始趋缓。其中，城区面积从2012年的780平方千米增加到2018年的1281.89平方千米；建成区面积由2011年的483.4平方千米增长到2018年的931.58平方千米。可见近几年成都市扩张速度之快。

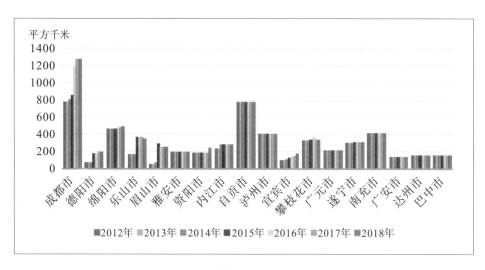

图 3-3　各城市城区面积情况

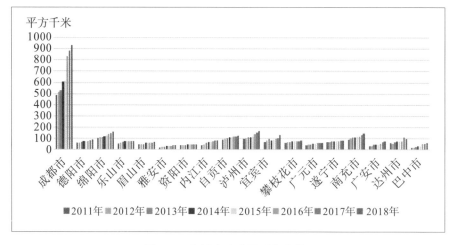

图 3-4　各城市建成区面积比较

　　而单从城区面积来说，德阳市、乐山市、眉山市这三个地级市有小幅度增加，其中，乐山市在2018年城区面积稍微下降，眉山市则是2016年的城区面积稍微下降之后趋于稳定；绵阳市、资阳市、内江市、宜宾市、攀枝花市、遂宁市只有小范围变化；雅安市、自贡市、泸州市、广元市、南充市、广安市、达州市、巴中市，近几年城区面积基本甚至完全没变化。

　　相对于城区面积的增加情况，各地级市建成区面积从2011年到2018年，每年都有不同程度的增加，都处于增长的状态。从具体城市来看，建成区面积增幅较大的有德阳市、绵阳市、内江市、自贡市、泸州市、宜宾市、南充市和达州市；增幅较小的城市有乐山市、眉山市、雅安市、资阳市、攀枝花市、广元市、遂宁市、广安市和巴中市。整个省的土地是一定的，因此城区面积的扩张是有限度的，但建成区面积的不断增加代表着城市基础设施的不断完善，城市整体水平的不断提升。

行政区划调整优化城市空间地理

　　近年来，四川省跨地级城市的区划调整仅发生一次（即2016年简阳市从资阳市辖区划到成都市辖区，成都市辖区面积增加了2216平方千米），但撤县立市和县改区情况较多，表明近年来四川省城市发展迅速（表3-6）。

表3-6　县级行政区划变动情况（2011—2016年）

城市	行政区划变动情况
成都市	2015年，双流县撤县立双流区； 2016年，郫县撤县立郫都区，新增简阳市
绵阳市	2016年，安县更名为安州区
广元市	2013年，元坝区更名为昭化区
内江市	2017年，隆昌县更名为隆昌市
眉山市	2014年，撤销彭山县，设立为彭山区

续表3-6

城市	行政区划变动情况
宜宾市	2011年，撤销南溪县，设立宜宾市南溪区
广安市	2013年，广安市新设前锋区
达州市	2013年，撤销达县，设立达州市达川区
雅安市	2012年，撤销名山县，设立为名山区
巴中市	2013年，巴中新设恩阳区，设立巴中市恩阳区
资阳市	2016年，简阳市划到成都市
阿坝藏族羌族自治州	2015年，撤销马尔康县，设立县级马尔康市
甘孜藏族自治州	2015年，撤销康定县，设立县级康定市

注：本表格主要统计了2011—2018年的行政区划变化

资料来源：2011—2019年各年四川统计年鉴

　　截至2017年，成都市目前下辖区（市）县达到20个。2015年双流县撤县设区，以原双流县的行政区域为双流区的行政区域，下辖8个街道、18个镇：东升街道、西航港街道、华阳街道、黄甲街道、九江街道、中和街道、公兴街道、协和街道、太平镇、永兴镇、籍田镇、正兴镇、彭镇、大林镇、煎茶镇、黄龙溪镇、永安镇、黄水镇、金桥镇、胜利镇、新兴镇、兴隆镇、万安镇、白沙镇、三星镇、合江镇。但其中1个街道和12个镇（华阳街道、新兴镇、万安镇、白沙镇、兴隆镇、合江镇、太平镇、永兴镇、三星镇、大林镇、煎茶镇、籍田镇、正兴镇）由四川省成都天府新区成都片区管理委员会管理，另外还有1个街道（中和街道）由成都高新技术产业开发区管理委员会管理。2016年，郫县撤县设区，设立成都市郫都区，以原郫县的行政区域作为成都市郫都区的行政区域，具体下辖15个街道、镇：郫筒街道、合作街道（高新区托管）、犀浦镇、红光镇、安靖镇、团结镇、唐昌镇、三道堰

① 委托管理的代管区域行政区划仍属双流区，其社会管理、公共服务等事务由代管机构管理，人民代表大会、政治协商会议、人民武装、行政区划管理等政治性事务仍由双流区管辖。

镇、新民场镇、花园镇、安德镇、唐元镇、德源镇、古城镇、友爱镇。2016年5月，省政府下发《关于同意变更县级简阳市代管关系的批复》，同意将资阳市代管的县级简阳市改由成都市代管。撤县设区和代管简阳市，推动了成都市下辖区域城市总体水平的进一步提升和城市面积进一步扩大。

绵阳市2015年撤销安县设立安州区，以原安县的行政区域为安州区的行政区域，安州区现辖15镇、3乡，分别为：花荄镇、桑枣镇、黄土镇、塔水镇、秀水镇、河清镇、界牌镇、永河镇、睢水镇、清泉镇、宝林镇、沸水镇、晓坝镇、乐兴镇、千佛镇、兴仁乡、高川乡、迎新乡。

广元市2013年将元坝区更名为昭化区。早在2001年时，广元市先后提出将"市中区"更名为"利州区"，以及将"元坝区"更名为"昭化区"，为此还召开过听证会。2007年，经过逐级申报，国务院批准，市中区顺利更名为利州区。相关部门在论证后，元坝区更名并未获通过。2012年，国务院领导视察元坝带来机遇，认为昭化古城作为历史文化名城，成为一张名片的同时，元坝区的命名也可以挖掘其内涵。此后，新一轮更名工作开始启动。终于，2013年4月，存在25年的元坝区撤销，经国务院批准更名为昭化区，目前辖区情况为：昭化区辖11镇、1街道，具体为拣银岩街道、元坝镇、昭化镇、卫子镇、虎跳镇、磨滩镇、王家镇、太公镇、红岩镇、柏林沟镇、明觉镇、石井铺镇。

内江市2017年4月，经国务院批准，民政部下发了《关于同意四川省撤销隆昌县设立县级隆昌市的批复》，同意隆昌县，设立县级隆昌市。并以原隆昌县的行政区域变为隆昌市的行政区域。

眉山市于2014年10月20日，国务院关于同意四川省调整眉山市部分行政区划的批复（国函〔2014〕140号）撤销彭山县，设立眉山市彭山区，以原彭山县的行政区域为彭山区的行政区域，彭山区下辖10镇、3乡：凤鸣镇、黄丰镇、观音镇、江口镇、青龙镇、公义镇、牧马镇、武阳镇（原武阳

乡）、谢家镇、彭溪镇、保胜乡、义和乡、锦江乡。

宜宾市2011年2月17日，国务院下发《关于同意四川省调整宜宾市部分行政区划的批复》同意撤销南溪县，设立宜宾市南溪区，原南溪县行政区域为宜宾市南溪区行政区域，区人民政府驻南溪镇。3月17日，四川省人民政府批复同意宜宾市调整部分行政区划（川府函〔2011〕55号）。7月28日，南溪正式撤县设区，下辖2个街道（南溪街道、罗龙街道）、7个镇（刘家镇、江南镇、大观镇、汪家镇、黄沙镇、仙临镇、长兴镇）、6个乡（裴石乡、马家乡、大坪乡、石鼓乡、林丰乡、留宾乡）。

广元市2013年新增前锋区。2013年2月22日，经国务院批准，原广安区以渠江中心主航道为界，渠江以东为前锋区，以西为广安区。2013年8月8日，前锋区人民政府正式挂牌成立，辖4个街道（大佛寺街道、奎阁街道、龙塘街道、新桥街道）、8个镇（代市镇、观塘镇、护安镇、观阁镇、广兴镇、桂兴镇、龙滩镇、虎城镇）、2个乡（光辉乡、小井乡）。

达州市2013年7月撤达县，设立达川区。达川区行政区域占原达县的大部分，原达县（不含碑庙镇、江陵镇、北山乡、安云乡、梓桐乡、金石乡、青宁乡、龙滩乡、檬双乡）的行政区域为达川区的行政区域。将原达县的碑庙镇、江陵镇、北山乡、安云乡、梓桐乡、金石乡、青宁乡、龙滩乡、檬双乡划归达州市通川区管辖，由此，达川区下辖2街道、18镇（石桥镇、石梯镇、河市镇、管村镇、亭子镇、麻柳镇、景市镇、赵家镇、大树镇、堡子镇、石板镇、南岳镇、檀木镇、福善镇、万家镇、金垭镇、百节镇、渡市镇）、36乡（大风乡、江阳乡、东兴乡、花红乡、大滩乡、安仁乡、葫芦、黄庭乡、黄都乡、平滩乡、双庙乡、马家乡、木子乡、碑高乡、幺塘乡、斌郎乡、罐子乡、陈家乡、申家乡、木头乡、草兴乡、龙会乡、九岭乡、金檀乡、大堰乡、赵固乡、桥湾乡、五四乡、银铁乡、沿河乡、香隆乡、道让乡、洛车乡、永进乡、米城乡、虎让乡）。

雅安市2012年11月，撤销名山县，设立名山区，以原名山县的行政区域为名山区的行政区域。辖9个镇、11个乡:蒙阳镇、新店镇、永兴镇、红星镇、百丈镇、车岭镇、马岭镇、黑竹镇、蒙顶山镇、双河乡、联江乡、前进乡、解放乡、万古乡、中峰乡、城东乡、茅河乡、廖场乡、红岩乡、建山乡。

巴中市2013年1月31日，四川省人民政府批复同意调整巴中市部分行政区划，设立巴中市恩阳区。2013年新设恩阳区，恩阳区政府驻登科街道。将巴中市巴州区的恩阳、玉山、茶坝、观音井、花丛、柳林、下八庙、渔溪、青木、三河场、三汇、上八庙12个镇，石城、兴隆场、关公、三星、舞凤、双胜、群乐、万安、尹家、九镇、玉井、义兴12个乡划归恩阳区管辖。2014年恩阳区管理1个街道、12个镇、12个乡、396个行政村、41个社区。现辖24个乡（镇）、437个村（居委会）、2538个村（居）民小组[①]。

阿坝州2015年经国务院批准，同意撤销马尔康县，设立县级马尔康市，以原马尔康县的行政区域为马尔康市的行政区域。马尔康市由阿坝藏族羌族自治州管辖[②]。截至目前，马尔康市辖4镇10乡，分别为：马尔康镇、卓克基镇、松岗镇、沙尔宗镇、梭磨乡、白湾乡、党坝乡、木尔宗乡、脚木足乡、龙尔甲乡、大藏乡、康山乡、草登乡、日部乡。共有105个行政村，238个村民小组。

甘孜州2015年经国务院批准，撤康定县，设立康定市，以原康定县的行政区域为康定市的行政区域，辖6个镇（炉城、姑咱、新都桥、金汤、沙德、塔公）、15个乡（雅拉、时济、前溪、舍联、麦崩、三合、捧塔、吉居、瓦泽、呷巴、普沙绒、甲根坝、朋布西、孔玉、贡嘎山）。

---

① 资料来源:恩阳区建制沿革.http://www.scey.gov.cn/intro/evolution/index.html.
② 资料来源:马尔康市历史沿革.http://www.xzqh.org/html/show/sc/21781.html.

三、城市更新

1958年8月，第一次城市更新研讨会在荷兰召开，会议对城市更新作了相关说明："生活在城市中的人，出于自己所居住的建筑物、周围的环境或出行、购物、娱乐及其他生活活动有各种不同的期望和不满，如对于自己所居住的房屋的修理改造，对于街道、公园、绿地和不良住宅区等环境等的改善，尤其对于土地利用的形态或地域地区制的改良，大规模都市计划的实施，以形成舒适的生活环境和美丽的市容等，都有很大的希望。"①城市更新的目的是对城市中某一衰落的区域进行拆迁、改造、投资和建设，以全新的城市功能替换功能性衰败的物质空间，使之重新发展和繁荣②。因此，城市更新会刺激城市衰败区域再生、促进经济发展、优化空间布局、提高土地使用效率、改善城市风貌、传承城市文脉、优化居住条件、延续城市功能、延续城市肌理，促进城市各方面功能的提升。在存量时代来临的当下，城市更新会成为目前城市化进程中新的增长点，是一个促进城市化发展的重要且有效的手段。

城市更新投入

四川省是我国"三线建设"时期的重点发展区域，由此形成的老工业城市和老工业区数量较多，为国家经济建设和国防安全做出了重要贡献。近年来，随着经济社会发展，四川省老工业城市普遍面临规划布局不尽合理、基

---

① 李江,胡盈盈.《转型期深圳城市更新规划探索与实践》.东南大学出版社，2015年，第10页.
② 城市更新360百科词条.https://baike.so.com/doc/6285651-6499131.html.

础设施陈旧、环境保护和安全生产压力较大、民生改善任务较重等困难，亟须进行调整改造、加快振兴发展①。意见明确提出：完善可持续发展的长效机制，促进资源产业与非资源产业、城区与矿区、经济与社会协调发展。积极构建多元化产业体系，推进城市更新改造和城乡公共服务均等化，开展省级资源型城市可持续发展试点示范,有序推进独立工矿区、国有林场搬迁改造试点。将城市更新作为城市转型和城市可持续发展的重要推手。

基于数据可得性，以成都市的城市更新投入为例进行进一步说明（表3-7）。从全省范围看，成都市并非城市更新的典型代表②，但近年来在城市更新方面加大投入，表明城市更新在四川呈现出新的发展趋势。

表3-7 成都市历年城市更新投资资金来源情况（单位：万元）

年份	总计	国家预算内资金	国内贷款	利用外资	自筹资金	其他资金
2008	6981849	53456	727513	56998	5703363	219153
2009	9459400	70427	729299	16407	8419568	223699
2010	10536882	265048	911213	10032	8597723	519747
2011	10165823	69537	234766	5413	9627894	73855
2012	11945548	459738	190153	19253	10973122	41059
2013	12528536	160180	276234	175388	11464984	103469
2014	12562101	77018	130838	58476	11922951	234274
2015	13836310	209743	263037	189632	12603945	413487
2016	19559777	273270	561147	22400	17992945	710015
2017	26641651	211512	1006389	34046	24662682	727022

数据来源：《成都统计年鉴2018》

注：成都市2019年统计年鉴未统计该名录，故2018年数据不可得

----

① 四川省人民政府发布《关于推进老工业基地振兴发展的实施意见》.http://dbzxs.ndrc.gov.cn/zywj/201704/t20170417_844443.html.

② 下文东郊记忆案例是老工业区升级改造类城市更新的典型；阆中古城的案例是传承城市文化创新类城市更新的典型；遂宁海绵城市建设是完善基础设施类城市更新的典型。

从表3-7中可以看出，成都市城市更新投资资金总量在逐年增长，各分项来源也都有不同程度的增加。从2008年到2017年，总量上增长了约2.8倍，特别是2016年之后的年份，相较2015年及之前，是一个快速增长的阶段。成都市在城市更新方面投入力度不断增强，既体现了对城市更新的重视，也从侧面反映城市更新对城市发展是有积极的正向作用。整个四川省也是对城市更新投入更多的关注度，将城市更新放在城市化进程的重要地位。

由图3-5和图3-6数据整理可以看出，城市更新的资金来源比较多样，不仅仅是政府部门的财政补贴，社会公众才是城市更新的主力军。其中，自筹资金一直占据主要地位，且有占比增加的趋势；国家预算内资金占比有波动，但是2013年后下降明显，到2017年，占比降到0.8%；国内贷款有明显的下降趋势，由2008年的10.4%下降到2017年的3.8%；利用外资水平一直比较低，变化幅度相比之下较不明显；其他资金在2012年后基本呈上升趋势，2017年已经上升到2.7%。成都市的整体情况在一定程度上反映出四川省的发展态势，城市更新的公众参与度越来越高，自下而上的城市更新方式越来越成为主流。

图 3-5 成都市历年更新改造投资资金中自筹资金占比变化情况（%）

图 3-6　成都市历年更新改造投资资金中其他资金来源占比变化情况（%）

城市更新是一个永恒的主题，城市在不断地生长、发展。对于四川大部分城市来说，大规模、集中性的建设已经基本成为过去，城市转向更新和复兴。而城市更新未来的趋势更多的可能是小规模、渐进式、鼓励自下而上、公众参与和政府配合。

城市更新的贡献

东郊记忆是目前成都市的一个旅游景点、名片，是众多城市更新案例中比较成功且可复制的一个。它的前身是一个老工业基地，从2009年开始进行转型改造，到2011年改造正式结束。三年的更新改造，成功地将一个没落的旧工业厂变成游客居民蜂拥而至的"网红"游览打卡景点。

◎专栏 3-1 老工业基地转型升级——东郊记忆

东郊记忆音乐公园的前世今生

东郊记忆前身是始建于 20 世纪 50 年代的成都国营红光电子管厂，红光电子管厂部署编号为 773 厂，和北京 798 是兄弟单位，是苏联援建的重点工程，该厂还是我国第一批生产黑白显像管的企业，信箱厂矿、军工单位、上万人的大企业，曾几何时，是那样的辉煌显赫，令无数人向往，曾有"北有首钢，南有红光"的美誉。而如今，随着其使命的完成，逐渐退出历史的舞台，只留下人们印象中的一些记忆了。

2009 年，成都市利用东郊老工业区中的原成都红光电子管厂旧址，将部分工业特色鲜明的厂区作为工业文明遗址予以保留，并与文化创意产业结合，打造成现代文化产业新型园区，2011 年 9 月 29 日正式开园运营。2012 年 11 月 1 日，成都东区音乐公园正式升级更名为东郊记忆。

现在的东郊记忆和北京 798 一样，具有较为广泛的国际影响。园区被称为"中国的伦敦西区"，拥有最全的演出空间，18 个场馆持续上演最具活力的文化演出。最红的明星，最时尚的品牌发布秀，最热门的戏剧，国际级艺术展、摄影展以及各类规模庞大的音乐节、艺术节、动漫节悉数上演，让人目不暇接。这里囊括了最华丽的玩乐空间，最古老的唱片店，最文艺的书吧、咖啡馆、音乐酒吧，同时还可以在梧桐树下的街沿边畅享最成都的美食盛宴，品味记忆中的味道。

（资料来源：四川城市可持续发展报告 2016 人类发展与生态改善）

阆中古城是国家历史文化名城，得天独厚的历史文化资源是该古城发展的绝对优势。传统文化资源能够转化为城市发展优势是建立在城市对文化传承且创新的基础上的。传统文化需要与时俱进地更新才能够迸发生机和活力，而文化的更新则需要城市有对传统文化的坚守意志和勇于依据当今社会潮流将传统文化和现代文明融合的创新精神。阆中古城立足自身传统文化，将文化与旅游结合，深挖历史底蕴，以文化更新带动城市发展。

◎专栏 3-2 传统文化迸发勃勃生机——阆中古城

阆中位于四川省东北部，嘉陵江中上游，辖区面积1878平方千米。辖46个乡镇、4个街道，人口88万，其中城区人口25万。1986年被国务院确定为国家历史文化名城，1991年撤县建市，先后荣获全国生态建设示范市、中国优秀旅游城市、世界千年古县、中国春节文化之乡、国家5A级风景旅游区等多项殊荣，是川陕革命根据地和2008 年"5·12"汶川特大地震国定重灾县之一。

阆中山川秀美，名胜众多。境内拥有200多处自然人文景观，尤其是现存近2平方公里"唐宋格局、明清风貌"的阆中古城，契合传统风水"龙砂水穴"选址理论，山环四面、水绕三方，素有"阆苑仙境、风水宝地"之美誉，是至今保存较为完好的四大古城之一。

阆中市作为国家历史文化名城，在发展过程中也紧扣南充市委明确的"对外的名片、旅游的龙头、发展的主力"发展定位。2017年全年下达总投资391.3亿元的重点项目104个，强力实施挂图作战、挂帅出征、挂责问效。坚持大开放促进大发展，阆中水城、宜华国际康养旅游度假区、金沙湾国际旅游度假区等超百亿项目相继落户阆中。全年共签约重大项目29个，协议投资651.1亿元，招引数量、投资体量均创历史之最。坚持大格局推进大发展，走大力实施阆中水城、阆中赛城、阆中古城"三城同建"之路，持续壮大食品、医药、新能源、新材料等优势产业，加快推进江东、江天、江北、江西农业园区提升工程，全面启动城郊30分钟乡村旅游振兴示范带建设，"一核三区两带"全域旅游格局逐步成型。2017年，实现地区生产总值215.3亿元、同比增长8.6%；固定资产投资252.2亿元、同比增长17%；一般公共预算收入10.5亿元、同比增长11.3%；接待游客数突破1000万人次大关，旅游综合收入首次突破百亿元。

（资料来源：阆中市人民政府网站.阆中概况、建设世界古城旅游目的地，阆中铿锵迈步——打造对外的名片、旅游的龙头、发展的主力）

遂宁市由于历史原因和自身地理条件的影响，水环境压力大。在城市设施改造升级后，已经成为海绵城市的遂宁展现出勃勃生机。城市基础设施的更新让遂宁变得更美好。

◎专栏 3-3 城市设施改造升级——海绵城市遂宁

海绵城市是指通过加强城市规划建设管理，充分发挥建筑、道路和绿地、水系等生态系统对雨水的吸纳、蓄渗和缓释作用，有效控制雨水径流，实现自然积存、自然渗透、自然净化的城市发展方式。

遂宁地处成渝城市群腹地，属于典型丘陵地区，虽然拥有较好的城市生态本底，但受历史原因和地理条件的影响，水环境存在"水多"（城市防洪排涝压力大）、"水少"（水资源短缺、人均淡水资源占有量全省最末）、"水脏"（内河污染较严重）、"水堵"（硬化面积比例高、河堤三面光）等问题，影响城市长远发展。

2015 年 4 月，遂宁成功申报全国首批 16 个海绵城市建设试点市，开展城市更新。在市区圣莲岛实施的海绵城市改造项目是一个代表性的例子。圣莲岛原本是杂草丛生的冲积滩，岛上居民生产生活对水循环和水环境产生诸多负面影响。改造工程对雨水径流进行合理组织，综合采用"源头—中途—末端"海绵城市建设设施组合，确保进入内湖、外湖的雨水径流都经过处理，减少集中冲击负荷；在地形、空间、竖向等条件允许的情况下，尝试部分地块不用或少用雨水管道，而是以植草沟、雨水花园等代替，实现由灰色雨水设施向绿色雨水基础设施的转变；构建内湖及景观水体水循环系统，确保水质优良。现在，圣莲岛湿地公园为代表的湿地群已经成为遂宁城市"绿肺"。

（资料来源：遂宁市海绵城市规划设计导则、遂宁市海绵城市建设工作领导小组办公室《关于海绵城市建设试点工作的情况汇报》，2016 年 8 月 1 日）

四、特色小镇

发展基础

2016年7月21日，住房城乡建设部、国家发展改革委、财政部联合发布《关于开展特色小镇培育工作的通知》，文件明确提出，通过培育特色鲜明、产业发展、绿色生态、美丽宜居的特色小镇，探索小镇建设健康发展之路，将其作为"促进经济转型升级，推动新型城镇化和新农村建设"的重要手段[①]。

作为资源大省、人口大省、农业大省，同时是中国建制镇最多的省份，四川在小城镇建设方面进行了大量卓有成效的探索和实践，逐步形成了具有较强稳定性的金字塔形小镇架构：以一批富有特色、形态鲜明、辐射带动能力突出的小镇为引领，以大量正在快速发展、具有较强竞争力，以及良好发展基础和巨大潜力的小镇为中坚，以千余个分布于广袤乡村的小镇为基石[②]。

特色小镇名录

根据国家《关于开展特色小镇培育工作的通知》中的要求，四川省积极推进特色小镇建设工作，通过借鉴国家及其他省市的工作经验及自身的积极

---

① 《住房城乡建设部　国家发展改革委　财政部关于开展特色小镇培育工作的通知》（建村〔2016〕（47号）.
② 杨理珍.《四川省特色小镇发展现状》，《四川省蓝皮书　四川城镇化发展报告》.社会科学文献出版社，第183页.

探索，已经取得了阶段性成果。经过3年的培育和专家组评审和现场复核，四川省住建厅分别于2017年6月和2018年10月公布省级特色小镇入选名单。目前，四川省已经培育了29个国家级特色小镇、83个省级特色小镇（含29个国家级特色小镇），21个市州也在大力培育新的特色小镇。

◎ **专栏3-4 四川省特色小镇名单**

表3-8　四川省特色小镇名单

特色镇等级	特色小镇名称	所属城市	所属县级单位	特色介绍
第一批42个省级特色小镇	第一批7个全国特色小镇	成都市	郫都区	双创新型产业镇。是国家首批双创示范基地，国家级孵化器。地处成都近郊，发展条件优越
			大邑县	中国历史文化名镇。素有中国博物馆小镇、中国文物保护示范小镇、国家园林城镇等美誉。现存文物的价值和规模、拥有博物馆的数量，在全国同类小镇中已是首屈一指
		攀枝花市	盐边县	红格镇已建成的有红格风情一条街、红格温泉假日酒店、红格国际社区、协鑫林农光互补旅游项目等特色浓厚的项目。红格镇农业资源丰富，其中红格脐橙、小粒咖啡等有较好的知名度
		泸州市	纳溪区	中国酒镇。"白酒酒庄文化服务综合标准化示范区"和"中国酒镇·酒庄"。域内凤凰湖是泸州市首个国家级湿地公园
		南充市	西充县	"天下福镇""中国多扶"、福文化为特色。同时现代农业品牌建设效果显著，截至2015年，已建成特色精品产业园区8个、特色农业品牌3个、注册商标1个
		宜宾市	翠屏区	"万里长江第一古镇"，拥有1470余年的历史。在我国素有"东有周庄、西有李庄"之说。李庄文化厚重，尤以红色文化、抗战文化、古建筑文化等突出
		达州市	宣汉县	是前河流域23个乡镇近60万人的经济、文化、信息中心、交通枢纽和物资集散地

注：特色小镇名称列自上而下为：德源镇、安仁镇、红格镇、大渡口镇、多扶镇、李庄镇、南坝镇

续表3-8

特色镇等级	特色小镇名称	所属城市	所属县级单位	特色介绍
第一批42个省级特色小镇	第二批13个全国特色小镇	三道堰镇		郫都区	镇区为国家AAAA景区。旅游节庆活动丰富，每年都有举办端午龙舟会、迎春灯会、泼水节、踏青会和露营节等活动
		洛带镇	成都市	龙泉驿区	洛带古镇是中国西部最大、保存最完好的客家古镇，被世人称为"世界的洛带、永远的客家"。是国家AAAA级景区，被评为"中国历史文化名镇""中国民间文化艺术之乡"。古镇内有多处国家级重点文物保护单位，如四大会馆、燃灯寺、桃花寺、客家公园等
		仲权镇	自贡市	自流井区	以彩灯产业为依托的综合发展型小镇。重点发展彩灯文创、制作、展示及先关配套服务
		昭化镇	广元市	昭化区	镇区为全国AAAA级景区，荣获"中国传统村落""剑门蜀道国家重点保护单位""全国十大最具人文底蕴古镇"等
		柳江镇	眉山市	洪雅县	距今800多年历史，是四川十大古镇之一。旅游业为支柱产业，借势峨眉发展，打造"海峡两岸养生度假小镇"，依托侯家山寨旅游资源，打造集康养、休闲、观光、度假为一体的度假区
		香格里拉镇	甘孜州	稻城县	镇域内为藏族聚居区，拥有着完美自然景致，浓郁康巴风情。是稻城旅游的支撑点
		青莲镇	绵阳市	江油市	是一座历史文化名镇，也是一座正在崛起的新型旅游小镇，拥有清新怡人的生态环境、风光绮丽的自然景色和浓郁独特的李白文化氛围
		水磨镇	阿坝州	汶川县	集幼儿园、小学、初中、高中、职业教育、大学为一体，是阿坝州唯一一个，也是全省为数不多的拥有完整教育体系的小镇，还有大学生创业孵化园和川音研究基地落户，教育资源丰富
		拦江镇	遂宁市	安居区	国家级水利风景区。拦江镇拥有国家级和省级产业产品：悦农园圆黄梨有机食品、莲花系列产品，好吃嘴食品

特色镇等级	特色小镇名称	所属城市	所属县级单位	特色介绍
第一批42个省级特色小镇	第二批13个全国特色小镇	金山镇	德阳市	罗江县	镇域内目前共有企业152家，其中规模以上企业48家，初步形成了以电子、新材料、汽车配件、食品精深加工为主的制造业新格局
		驷马镇	巴中市	平昌县	镇内现代农业发展成果显著，江口醇酒、平昌青花椒、江口青鲶、镇龙瓦灰鸡被列为中国地理标志产品
		龙台镇	资阳市	安岳县	主导产业是柠檬产业，有关柠檬的规模化种植、精深加工和销售集散
		多营镇	雅安市	雨城区	主导产业是藏茶，且获得了2010年上海世博会名茶评选黑茶类金奖，拥有藏茶国家驰名商标1个，省级著名商标3个
第一批42个省级特色小镇	其他省级特色小镇	黄龙溪镇	成都市	双流区	古镇拥有2100多年的历史，先后被评为"中国民间艺术（火龙）之乡""中国环境优美小城镇""中国民间文化遗产旅游示范区""中国文化历史名镇"等
		城厢镇		青白江区	城厢镇有着1500余年历史，有家珍公园，里有烈士纪念馆和寺庙
		师古镇	德阳市	什邡市	雪茄烟的种植、加工、销售是师古镇的特色战略产业。师古镇正在投资建设雪茄庄园、国家级烟草原料交易市场
		仓山镇		中江县	仓山是春秋战国时期所遗"古郪王城居址"，镇境内还有保存完好的禹王宫、帝王庙、朝龙寺、玉佛寺、飞乌遗址、大旺石刻等历史遗迹
		白节镇	泸州市	纳溪区	以云溪温泉为发展核心，借助大旺竹海、山画山等自然旅游资源，打造集观光、度假、养生、休闲、旅游为一体、兼顾有机蔬菜种植、竹茶产业发展的特色生态旅游镇
		江门镇		叙永县	位于川滇黔结合部，地理位置优越，现有工业基础好。在建重点项目有年产20万吨竹浆纸一体化、年周转500万吨煤炭物流交易中心和3万吨成品油库等

特色镇等级	特色小镇名称	所属城市	所属县级单位	特色介绍
第一批42个省级特色小镇	其他省级特色小镇	广元市	苍溪县	主导产业是猕猴桃种植业，是国家级中国红心猕猴桃原产地
			青川县	青溪有着1700多年的历史，是阴平古道上重要关隘，历来为商贾、兵家必争之地。拥有国家级自然保护区、国家AAAA级旅游景区唐家河、国家AAAA级旅游景区青溪古城
		绵阳市	安州区	镇域内有罗浮山风景区、飞鸣禅院、罗浮山温泉等景点。具有美丽宜居小镇、四川省环境优美示范乡镇等称号
		自贡市	富顺县	历史悠久，建于宋朝，竹编、秸秆画、划龙船、龙灯等小镇特色民俗文化异彩纷呈
		攀枝花市	仁和区	"丝绸驿站、川南门户第一镇"。已打造夏季"消夏避暑"、秋季"生态果蔬品摘"、冬春"樱花浪漫摄影"的四季旅游主题产品
		雅安市	宝兴县	主导产业是汉白玉石材产业，被文化和旅游部誉为"中国石雕艺术之乡"
		乐山市	峨眉山市	符溪镇是峨眉山市东大门，位于乐峨旅游走廊中心节点，区位优势明显
		阿坝州	松潘县	是4A级景区、川西北交通枢纽、川西北商贸物流中心，区位与交通优势明显；生态环境优渥；川主寺镇是多民族杂居地区（藏、羌、回、汉为主），具有浓郁的地方特色和民族特色
			九寨沟县	毗邻九寨沟景区、藏民族文化底蕴深厚
		宜宾市	宜宾县	中国历史文化名镇、四川省民间文化艺术之乡、"关河号子""眉毛酥"为省级和市级非物质文化遗产、自古被誉为"川滇咽喉"。是南丝绸之路必经之地
		内江市	隆昌市	以城际铁路站点和镇区为依托，建设城市交通枢纽，连接川渝两地，发展为集居住、商贸、旅游、教育和绿色现代新兴产业为一体的生态宜居高铁新镇

（特色小镇名称列自上而下为：歧坪镇、青溪镇、桑枣镇、赵化镇、平地镇、灵关镇、符溪镇、川主寺镇、漳扎镇、横江镇、界市镇）

续表3-8

特色镇等级	特色小镇名称	所属城市	所属县级单位	特色介绍
第一批42个省级特色小镇	其他省级特色小镇			
	世阳镇	南充市	嘉陵区	有着众多自然风景和人文风景景点，如韩世英故里、龙凤山景区及景区内龙凤山寺庙、天生桥、天鹅蛋、玉兔石等，旅游资源丰富
	化城镇	巴中市	巴州区	农业以优质粮油、生猪、水产、果蔬为主；民营经济以农机制造、酿造、食品加工为主，是一个正在发展的农业大镇
	街子镇	广安市	武胜县	利用川渝合作示范区和承接重庆、沿海城市产业转移示范区建设契机，形成了以节能环保、汽摩装备制造产业为主导的特色产业集群
	安宁镇	凉山州市	西昌市	已建成万亩蔬菜和特色水果基地，形成集生态绿色农业、农产品加工交易、中药材精深加工、涉农仓储物流等一体的现代农业科技创新创业产业形态。加快创建农博览特色小镇
	石桥镇	达州市	达川区	具有悠久的历史和先进的文化艺术。有长达170多年校史的宝善书院；有会馆宗庙；有象征西方文化的天主教堂；有时代特色的斜石板街面、小青瓦屋盖、吊脚楼建筑民居
第二批41个省级特色小镇	其他省级特色小镇	成都市	郫都区	唐昌的饮食文化发达，著名的小吃有名震西川的施鸭子、"合兴昌"糖果糕点、蒋排骨、艾馍、三合泥、杨抄手、周牛肉、谭豆腐、罗桥面、梆梆糕等。翰林院、大坟包、纪念碑、文庙、文昌宫巷、崇宁公园、梁家大院等是现存及修葺的建筑
	唐昌镇			
	永宁镇		温江区	镇域内汇集了四川省八一康复中心、华西医院温江院区、成都艾思特肿瘤医院等多个项目，初步形成"研发预防—健康医疗—康复旅游"的健康产业链
	白沙镇		天府新区	明显的区位优势和得天独厚的自然资源与便利的交通条件，为白沙这个农业大镇的经济发展创造了良好的条件，以水果生产为主的白沙镇多年来互有"瓜果之乡"的美称
	兴义镇		新津县	先后被评为全国重点镇、全国有机农业示范基地、全国环境优美乡镇、四川省乡村旅游示范镇、成都市市级重点镇等，被农业农村部确定为台湾农民创业园，国家4A级风景区斑竹林森林公园坐落于此

续表3-8

特色镇等级	特色小镇名称	所属城市	所属县级单位	特色介绍
第二批41个省级特色小镇	其他省级特色小镇			
	五凤镇	成都市	金堂县	中国历史文化名镇、国家AAAA级旅游景区、成都周边唯一山地古镇。镇内有省级文物保护单位关圣宫、南华宫，保存完好的火圣庙、贺麟故居等古建筑，另有市级非物质文化遗产"沱江号子"
	艾叶镇	自贡市	贡井区	千年古镇、盐运古道第一镇。艾叶镇因盐而名，因滩而盛，是自贡井盐矿的发祥地之一和自贡历史文化名城的重要组成部分，尤其以盐运古道第一滩独领风骚
	双石镇		荣县	双石镇是吴玉章的故乡，是中国民间文化艺术之乡。已打造"万亩粮油高产示范园区""全国重点镇、省级百镇示范试点镇"和"国家级乡村旅游示范片"
	狮市镇		富顺县	境内狮子滩社区（古镇）属全国第三批传统文化村落，历史悠久，建筑风格独特，配宫、庙、堂、祠于其间，文物古迹较多，民俗活动与表演特色鲜明，同时还有美丽的苗仙湖景观
	格里坪镇	攀枝花市	西区	格里坪自古繁华，是南丝绸之路的必经之地，是水路商道的必经之路，是川西南、滇西北的物资集散地。素有"攀枝花的小香港"之称
	撒莲镇		米易县	河谷地带万亩葡萄观光基地、五千亩　柑桔地、万亩芒果基地已初具规模，海塔三花节、樱桃采摘节等乡村旅游活动享誉四方，农耕文化特色明显
	九支镇	泸州市	合江县	川黔边贸重镇。黔北物资通江达海的主要中转港；是川黔边际县镇同城发展的城镇。是川黔区域合作第一桥头堡，泸州遵义双向对接的重要节点
	云龙镇		泸县	境内有顺硵子大桥、永济大桥等8座"国宝"级龙桥，有"观音月母鸡汤"等省级非物质文化遗产。产业发展方面，以酒类、建筑、物流、玻璃为主导产业
	二郎镇		古蔺县	白酒名镇。以郎酒为依托做强酿酒产业，树立酱酒品牌。还有丰富的红色资源，红军二、四渡的渡口和红军开仓分盐的旧址就在二郎镇

特色镇等级	特色小镇名称	所属城市	所属县级单位	特色介绍
第二批41个省级特色小镇	其他省级特色小镇	红白镇	德阳市	什邡市	镇内有蓥华山、青牛沱、八卦顶、黑龙池、太子城、南天门、佛光寺等风景名胜和历史遗迹，金河、通溪河、连山湾河构成了红白丰富的水资源体系
		石马镇	绵阳市	游仙区	依托电梯全产业链发展与建设中国（绵阳）科技城电梯产业园、中国科技城智能制造产业园和绵阳城北新区"两园一新区"的产城一体，小镇发展势头良好
		桂溪镇		北川县	旅游开发和工业发展型小镇。通往九寨沟、黄龙寺的国际黄金旅游线穿境而过，镇内猿王洞自然风景区名扬川西北，还有4A级著名风景区"药王谷"
		羊木镇	广元市	朝天区	羊木镇第三产业以发展物资集散和商贸为主，拥有朝天区规模最大的农贸市场
		三堆镇		利州区	古代时此地是由甘肃沿白龙江入蜀的要道，明清时成为商业集市。境内有国家重点风景名胜区白龙湖、宝珠寺等景区景点，还有"川北唢呐"等非物质文化遗产
		沱牌镇	遂宁市	射洪县	沱牌舍得集团年产能30万吨，镇以沱牌舍得集团为产业龙头，同时积极发展现代农业园、形成了加工制造和绿色种养殖的特色产业链
		蓬南镇		蓬溪县	蓬南地处二省、五县和成渝经济圈腹心位置，是川东与渝西接壤的周边二十多个乡镇物资、人口集散中心
		卓筒井镇		大英县	2006年6月，"大英卓筒井井盐深钻汲制技艺"被国务院列为第一批国家级非物质文化遗产名录；2013年5月，卓筒井被列为第七批全国重点文物保护单位，成为少有的"双国保"项目。镇域内的四川民居代表罗都复庄园、八仙之一蓝采和等地方特色文化都有着较高的知名度和影响力
		银山镇	内江市	资中县	农业园区重点打造优质粮油、设施蔬菜、优质水果、花卉苗木、生猪养殖、特色水产六大产业。努力发展现代农业和采摘观光旅游业，打造集产业、旅游为一体观光农业型小镇

特色镇等级	特色小镇名称	所属城市	所属县级单位	特色介绍
第二批41个省级特色小镇	其他省级特色小镇	罗城镇	乐山市	犍为县	驰名中外、风格独特的"凉厅街"（船形街）始建于明代崇祯元年（1628年），2010年1月被评为四川省首批"历史文化名街"。川剧变脸、麒麟灯等民俗文化具有显著的地域文化特色
		八尔湖镇	南充市	南部县	原名大堰乡。坐拥八尔湖景区，水库资源丰富，具有漫滩、台地、丘峦三层景观带，自然田园风光原汁原味，素有"川北小江南"的美誉
		王山镇	宜宾市	兴文县	兴文世界地质公园三大园区在镇境内。同时以苗家文化旅游为主的乡村旅游红红火火
		沙河镇		高县	"千年沙河驿、豆腐美食城"。沙河豆腐享誉川外，全镇共有特色豆腐35家
		花桥镇	广安市	广安区	是农业重镇，有"天然粮仓"的美称，水稻、玉米种植悠久。蔬菜、水果品种丰富。"桥文化"和"祠堂文化"源远流长
		百节镇	达州市	达川区	现代空港新城、临空产业高地。百节物产丰富，盛产乌梅、优质粮油、水果等，是达川区的乌梅、蚕桑、生猪生产基地
		胡家镇		宣汉县	该镇是老工业基地，原有某军工厂坐落在该镇。现军工厂虽已迁离，原有的工业基础得以保留，是宣汉县四大工业集中发展区之一，素有"川东重镇、巴山明珠"的美誉
		柳林镇	巴中市	恩阳区	依托正在建设的巴中经济开发区——食品产业园，打造一个集食品药品研发、生产加工、检验检疫、冷链物流配送于一体的现代化食品药品工业基地
		诺水河镇		通江县	旅游资源丰富，有狮子洞、龙湖洞、楼房洞、中峰洞、临江峡谷等自然景观。其中，中峰洞又名佛光洞，是世界罕见的"地下岩洞博物馆"
		上里镇	雅安市	雨城区	是红军长征北上的过境地，也是昔日南方丝绸之路的重要驿站。还有"十八罗汉朝观音"的18座山丘。以"二仙桥"为代表的8座古石桥历史悠久，风格各异
		龙苍沟镇		荥经县	境内有龙苍沟国家森林公园，龙苍沟曾是南丝绸之路重要驿站，有两千多年的历史

续表3-8

特色镇等级	特色小镇名称	所属城市	所属县级单位	特色介绍
第二批41个省级特色小镇	其他省级特色小镇			
	西龙镇	眉山市	青神县	全镇农业产业化程度较高，建有集中成片的茶园，均以优质名茶为主。还种植优质竹、各类优质水果
	周礼镇	资阳市	安岳县	红苕加工产业是镇域经济支柱，建有西南最大粉条淀粉销售市场，号称"中国粉条之都"，周礼"伤心凉粉"更是名满县内外
	劳动镇		乐至县	历史文化小镇。陈毅旧居
	四姑娘山镇	阿坝州	小金县	镇内拥有"国家级风景名胜区""国家级自然保护区""国家AAAA级风景区""世界自然遗产地"四姑娘山风景名胜区
	古尔沟镇		理县	农业发展小镇。镇内耕地面积2688亩，是成都市秋淡蔬菜主要基地。有古尔沟温泉，该温泉是天然优质矿泉水，远近闻名
	磨西镇	甘孜州	泸定县	磨西镇是汉、彝、藏民族聚居地。海螺沟名胜风景区的旅游接待基地和入口。镇内保留有较完整的老镇古街区，为清末民初民居古建筑群
	瓦卡镇		得荣县	四川拥有传统村落最多的乡镇，拥有滇藏茶马古道在四川境内的唯一一段，拥有国家级非物质文化遗产——得荣学羌，拥有省级非物质文化遗产——藏族民间车模技艺
	泸沽湖镇	凉山州	盐源县	辖区内泸沽湖为国家4A级旅游景区，内有闻名海内外的阿夏走婚习俗、摩梭人母系氏族文化

资料来源：四川省住建厅特色小镇申报材料

注：第三批国家级特色小镇名单还未公布

特色小镇分布

通过整理两批省级特色小镇相关材料，我们可以得出四川省21个市州省级特色小镇的分布情况。省级特色小镇个数前五位的地级市有成都市、泸州市、自贡市、广元市和阿坝州。成都市特色小镇个数最多，一共11个，其中第一批国家级特色小镇2个，第二批国家级特色小镇2个，其余第一批省级特色小镇2个，第二批省级特色小镇5个；泸州市辖区内有6个省级特色小镇；其余三个地级市辖区内均拥有5个省级特色小镇（图3-7）。

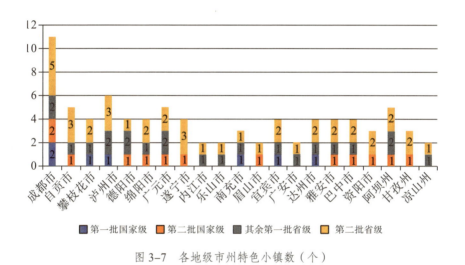

图3-7 各地级市州特色小镇数（个）

2018年6月份召开的四川省委十一届三次全会提出了实施"一干多支、五区协同"的发展战略，旨在促进四川省各经济区（成都平原经济区、川南经济区、川东北经济区、攀西经济区、川西北生态示范区）协调发展，同时打造各具特色的区域经济板块。而特色小镇也将在此建设中增添自己独有的色彩。目前通过统计来看，五大经济区拥有的特色小镇数量不尽相同，甚至存在明显的差距，如图3-8。就总量来说，成都平原经济区域内省级特色小镇最多，有34个；川东北经济区和川南经济区分别拥有18个和17个；川西北生态示范区和攀西经济区以拥有8个和6个排在最后两位。可见五大经济区所拥有的特色小镇个数呈现出明显的阶梯状，且分为三个层次。图3-8也能清晰地看到，成都平原经济区不仅在总量上优势明显，各单项不同级别的特色小镇的个数上也都占据着十分突出的地位，川西北生态示范区和攀西经济区

各分项不同级别的特色小镇也都处在不利地位,因此,需要加快培育特色小镇的步伐,促进地域差异化发展。

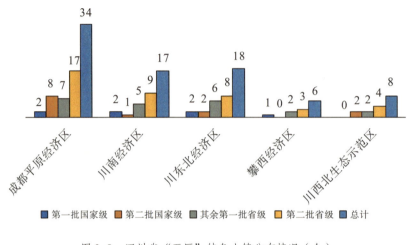

图 3-8 四川省"五区"特色小镇分布情况(个)

特色小镇现状和特征

◎发展类型丰富多样

首先,四川省自然环境丰富多样。其次,四川是一个多民族省份,拥有多元包容的民族文化。最后,四川现代化产业发展迅速,不少小镇拥有较好的工业基础。四川省因地制宜,充分利用小镇原有的基础,发展多种类型的特色小镇。通过整理特色小镇申报材料,我们可以得出目前四川省特色小镇建设主要分为六大类:加工制造型、科技教育型、旅游休闲型、商贸物流型、文化创意型、现代农业型。特色小镇的建设重点是要有特色产业的支撑,不能"千城一面",要"一镇一品"。

◎主导产业特色突出

特色小镇的特色产业有着极强的竞争力,产业特色突出,成为推动特色镇发展的核心力量。每个特色小镇都有着自身的优势产业，这些不仅仅是小镇自身的标签，也是小镇居民收入的来源。商品交易向来是人口集聚的重要原因，格里坪镇身居交通要道，古往今来皆是商贸集聚地。

◎专栏 3-4 商贸集聚地——格里坪镇

格里坪自古繁华，清朝乾隆年间，就形成了马上街、新庄茶马古道物流集市，是南丝绸之路的必经之地，是水路商道的必经之路，是川西南、滇西北的物资集散地。随着经济的发展和资源的开发利用，二十世纪八十年代逐渐形成了川滇林产品交易市场，石灰石、煤炭、球团等矿产品交易专业市场，镇区商贸服务业繁荣活跃，素有"攀枝花的小香港"之称。

目前辖区面积117.4平方千米，人口3.5万人，城市化率97%，工业化率98.3%，是全国重点镇。建成了攀青、鑫铁、新启为主的三大物流园区，年货物运输能力达1000万吨以上；格里坪工业园区拥有36家规模以上企业；新建成的东盟国际商贸城达50800平方米。

（资料来源：四川省住建厅特色小镇申报材料）

◎品牌意识突出

四川省作为农业发展大省，具有雄厚的现代农业基础。在四川省特色小镇建设推广过程中，各镇因地制宜，充分发挥自身优越的自然条件，打造了一批特色性强、知名度高、品牌效益好的产业。如，雅安市雨城区多营镇依托藏茶产业优势资源，在国道318线旁建设了"中国藏茶村"，被誉为"茶马古道第一驿站""318国道最美第一镇"。

◎专栏 3-5 318国道最美第一镇——多营镇

多营镇位于雅安市雨城区，属于山地地形，是全国重点镇，拥有国家级

非物质文化遗产：黑茶制作技艺——南路边茶（藏茶）制作技艺。

2016年镇区常住人口6520人。多营镇的主导产业为藏茶，该产业在国外国内都声名远播。2010上海世博会名茶评选获得黑茶类金奖，拥有国家级商标：藏茶国家级驰名商标1个，四川省著名商标3个。主导产业对小镇的经济拉动明显，2016年主导产业投资额6300万元，产值7亿元，吸纳就业2500人。目前，多营镇已建成了集藏茶展销、藏茶文化、藏茶旅游、藏茶产品展示为一体的藏茶文化景区，声名远扬，吸引了国内外众多游客。

（资料来源：四川省住建厅特色小镇申报材料）

主要参考文献：

【1】四川省四大城市群经济实力研究［EB/OL］http://www.sc.gov.cn/10462/10464/10465/10574/2014/1/8/10290302.shtml.

【2】李江,胡盈盈.转型期深圳城市更新规划探索与实践［M］.南京：东南大学出版社，2015.

【3】四川省人民政府办公厅关于推进老工业基地振兴发展的实施意见［EB/OL］.www.sc.gov.cn/10462/c103046/2017/3/7/0702b9c1752745ccae6dce0241869cd.shtml.

【4】杨理珍.四川省特色小镇发展现状［M］//侯水平，陈炜.四川省蓝皮书·四川城镇化发展报告（2018）》，北京：社会科学文献出版社，2018.

第 四 章

社会：城市内聚的源泉

四川城市读本

本章关注城市社会，试图呈现"社会"成为城市内聚源泉的原因。

有面向不同对象，兼收并蓄、海纳百川的社会秩序；

有21个市（州）各具特色，且具有明显城市痕迹的文化记忆；

有多元共治共享，且已有不少成功实践的社区治理；

也有以人群、环境、文化等全方位的健康为目标的健康城市。

"社会"这一个我们既熟悉又模糊的概念，在四川为生活在其中的人们，提供了工作、生活的良好环境。同时，和谐健康的社会，也为城市可持续发展，创造了有利条件。

社会
城市内聚的源泉

除成都外，四川其余城市落户 **0** 门槛，成都市颁布《成都实施人才优先发展战略行动计划》，又称"人才新政12条"

21 座城市，**21** 张城市名片，少数民族、特色小镇、新兴文化区，各具特色

2017年，四川省颁布《四川省城乡社区服务体系建设"十三五"规划》，**6** 大任务 **5** 大工程、**5** 条保障，推进四川省城乡社区治理

成都、泸州 **2** 座城市，获颁首批健康城市

4

一、社会融合

社会融合是不同个体、不同群体、不同文化之间相互配合、相互适应的过程，对个人和社会整体都有重要的作用。普遍认为，如果社会融合水平较高，诸如心脏病、中风的生理疾病和诸如抑郁症、忧郁症的精神疾病的发病率会更低。社会融合对于减少失范行为、降低社区犯罪水平、促进婚姻稳定等也有正向作用。

四川省践行了一系列促进社会融合的政策和举措，使得传统认为的劳动力输出大省，也能以开放、包容的姿态，吸引外来人口，共建四川、共治四川、共享四川发展成果。2014年10月23日，成都市与厦门、大连、杭州等15个城市一起，被国家卫生计生委列为"全国流动人口社会融合示范试点城市"[①]。

兼容并包的四川城市社会融合

四川省关于促进社会融合的举措是多层次、多方位的。有从省到市，不同层面政策的保驾护航，也有基层组织的自我实践，面向包括农民、大学生和高新技术人才等的各类人群。2010年，成都市出台《关于全域成都城乡统一户籍实现居民自由迁徙的意见》，指出应"彻底改变城乡二元结构，消除隐藏在户籍背后的身份差异和公民基本权利的不平等"，并给出12条具体措施，被誉为"中国最彻底的户籍改革方案"。

---

① http://news.xmnn.cn/a/xmxw/201410/t20141025_4158881.htm.

党的十八大之后，四川省继续改进政策，创新做法，有效促进了社会融合。2014年，四川省政府印发《四川省人民政府关于印发四川省进一步推进户籍制度改革实施方案》，该方案指出，全面开放除成都外大中小城市的落户政策，凡有合法稳定住所（含租赁）的人员，本人及其共同居住生活的配偶、未成年子女、父母等,可以在当地申请登记常住户口；2016年印发《四川省人民政府办公厅关于加强和规范人口登记管理工作的通知》，再次明确除成都外，各城市落户"零门槛"；2018年，四川省政府发出《关于认真做好〈居住证暂行条例〉贯彻实施工作的通知》，提出对于居住证办理、相关信息登记等，要因地制宜，推行全省通用的"新居住证"，最大限度地方便群众。

除省政府的行动以外，各市也有举措。宜宾市2016年出台《宜宾市政府关于进一步推进户籍制度改革工作的实施意见》，全面开放宜宾市落户政策，租赁房屋也可落户，并实施省内户口迁移"一站式"办理。绵阳市2017年推进《居住证暂行条例》，从教育、住房、城镇建设用地等六个方面入手，加快农业转移人口市民化。2017年，泸州市颁发《泸州市政府关于印发泸州市促进非户籍人口在城镇落户十条措施（试行）的通知》，措施包括：保障土地承办经营权和集体收益分配权；保障宅基地使用权；给予购房补助；给予大中专生租房补助；提供就业机会；给予基本养老保险和基本医疗保险个人缴费补助；保障受教育权利；保留农村计划生育家庭户权益；免费乘坐城市公交车；优先享有国有农贸市场租赁权。

农民工的社会融入

四川省从教育、就业、医疗和养老保障等多个方面，促进农民工的社会融入。尽管由于城乡二元结构的存在，农民工仍然做不到和城市居民享受同等待遇，但随着一系列相关制度和政策的不断完善，以及诸如解决农民工工资拖欠、农民工子女入学等问题的实践，四川省内农民工的生活、工作环境都有了很大的改善。例如，随着2015年《四川省人民政府关于进一步做好为农民工服务工作的实施意见》的颁布，农民工参保能力、参保意识不断增强，2016年，成都市九成以上农民工参加了医疗保险。养老保险参保率虽明显低于医疗保险，但仍有超过六成农民工参加了各种类型的养老保险[1]。

此外，2017年12月，四川省办公厅发出《四川省人民政府办公厅关于开展拖欠农民工工资问题专项整治行动的通知》[2]。在拖欠农民工工资的重灾区——建筑工程领域，通过构建企业工资支付网络，督促企业全面落实农民工实名制管理等举措，保障农民工工资正常支付。

在子女就学问题上，四川省明确要求把随迁子女义务教育纳入各级政府教育发展规划和财政保障范畴，逐步落实随迁子女在流入地接受普惠性学前教育、中等职业教育免学费的措施，确保农民工随迁子女平等享有各项教育权利。目前，四川省所有公办学校都要求对农民工随迁子女开放，并要稳步提高接收比例，不能将随迁子女限定在少数学校中。

◎专栏 4-1 乐山市中区关爱农民工子女[3]

乐山市中区为解决农民工子女入学、生活等问题，采取了一系列行动。2007年，针对入学，从政策上给予了保障：设置定点就读学校9所，保证外来人员子女就近入学。同时落实"两免一补"政策，推行寄宿制度，创造良好的生活条件；此外，还发动多方主体关爱农民工及其子女，如建立学校领导、党员教师联系外来人员子女制度，中小学生广泛开展"手拉手互帮互

---

① 资料来源：2016年四川省人力资源和社会保障失业发展统计公告.
② http://www.sc.gov.cn/10462/10464/10797/2017/12/13/10440606.shtml.
③ http://www.leshan.cn/html/view/view_41DCCECACE79E8BA.html.

助"活动等。从经济上、生活上等多个方面入手，有效解决农民工子女入学问题。

2014年乐山市委组织部、团市委、市关工委、市关心下一代基金会在高墩子社区、县街小学成立两个"幸福e家"，提供作业辅导、兴趣培训等活动，丰富农民工子女的放学后生活。

李佳佳（化名）就是受益于"幸福e家"的一员。由于父母工作不稳定，搬家、转学都是家常便饭，直到小学三年级，随着父母在乐山市中区稳定了下来，她也进入到慧园街读书。父亲开水泥罐车，母亲在茶楼当服务员，晚下班甚至通宵加班都是常事，李佳佳常常独自一人在家。有了"幸福e家"之后，放学后的一段时间不再是自己一个人，在"幸福e家"有同龄人和大学生志愿者的陪伴，既有人辅导作业，也有兴趣活动可以参加。

除乐山以外，成都市也有针对农民工子女入学问题的举措。2016年，更新进城务工人员随迁子女接受义务教育的具体政策，在原有政策基础上进一步简化，户籍和转学手续政策更宽松。一是只要可以证明亲子关系，申请人及其子女不必在一个户口本上；二是转学时，不再需要行政部门，即教育局的盖章，只需要原就读学校签字盖章即可。

人才引进的"蓉漂"

成都市不断加强人才引进力度，2017年7月，发布了历年来支持力度最大的《成都实施人才优先发展战略行动计划》[1]，提出了面向不同层次人才，在应对落户、安居、技能培训等问题的12条新政。

---

[1] 《中共成都市委办公厅、成都市人民政府关于印发〈成都实施人才优先发展战略行动计划〉的通知》.

◎专栏 4-2 成都实施人才优先发展战略行动计划

成都市2017年7月18日颁发《成都实施人才优先发展战略行动计划》（以下简称《行动计划》），又被民间称为"人才新政12条"。《行动计划》目的是将成都打造成"建设具有国际竞争力的人才强市"，"不断吸引聚集各类人才来蓉创新创业，打造国际一流的人才汇聚之地、事业发展之地、价值实现之地，让'蓉漂'成为时代风尚"。

该《行动计划》被称作是"历年来含金量最高、惠及面最广、支持力度最大、针对性最强的人才政策"。内容包括给予高层次人才创新创业扶持，鼓励青年人才来蓉落户，保障人才住房，提高人才医疗待遇，简化外籍人才停居留手续，激励产业人才，发放人才绿卡，支持校地校企合作培养产业发展人才，提供全民免费技术技能培训，建立人才信息发布制度，支持用人主体引才育才，设立"蓉漂人才日"12个方面。

在普遍性的政策之外，针对不同层次的主体提供了不同的政策。例如在资金支持上，针对高层次人才创新创业，给予最高1亿元的综合资助；对于毕业5年内创业的大学生，给予最高50万元、最长3年贷款期限的全额贴息支持。在人才培育上，不仅有面向有就业创业意愿的市民提供的免费技能培训，针对高校和职业技术（技工）院校人才培育，还另有补贴。

随着《行动计划》的正式出台，成都建设具有国际竞争力人才强市，让"蓉漂"成为时尚风尚的征程就此启航。

除上述的"新政12条"以外，2016年、2017年两年，成都市政府"一号文件"也有面向人才的内容。随着一系列人才政策的实施，成都荣登《财富》杂志"大学生和青年求职者吸引力城市"榜首、"海归就业创业最爱城市"第三位，荣获"外籍人才眼中最具吸引力的中国城市"称号。作为一个西部内陆城市，成都正通过优渥的"蓉漂"政策，把人才转化为发展动力，

走在创新发展的快速路上。

◎ **专栏 4-3 专家级女"蓉漂"朱琳琳**

2011年，朱琳琳在成都，创办了她的KEYDOM公司，主攻智能IC和物联网识别产品的研发。2017年，朱琳琳入选成都首批"蓉漂计划"专家[①]。

朱琳琳将公司安在成都原因有三。首先是气候宜人、生活便利、人文环境好。其次是2008年到2013年，朱琳琳在电子科技大学度过了五年的硕博阶段，再加上母亲是绵阳人，成都对她而言更有家的感觉。最后是成都良好的创业环境。许多高新技术产业都需要上下游产业链的配合，假如配套缺失，即使政府给出一定程度的财税减免，运营成本也非常高。成都在招商引资上，尤其注重这一点，着力于打造完整的生态圈，有效地减少企业负担，颇具前瞻性。

然而，公司也并非一帆风顺，2013年人才流失严重，最严重时技术团队被挖走2/3。这一问题随着成都近两年颁布的人才政策烟消云散。现在，不仅能解决技术人员落户问题，充分利用成都市对高新企业个税的优惠政策，也能为员工提供更好的工资待遇。

朱琳琳自己获颁首批"蓉城人才绿卡"。"绿卡"内容涵盖落户、住房、子女教育、医疗、出入境等服务事项，解决了很多高端人才的后顾之忧，且服务还在不断升级，比如在子女入学方面，就可以就近入学。

当前，成都市面向各类人才的政策包括"成都人才新政12条""蓉城人才绿卡""成都优秀人才培养计划"等，从对普通大学生开放落户，到为高端人才提供包括政务、创业、商务、生活四大类的服务事务。

---

① http://baijiahao.baidu.com/s?id=1599499234945733237&wfr=spider&for=pc.

二、文化性格

文化体现着城市的特色，城市同时也是文化的载体。古往今来，人们在从事社会活动过程中产生的文化成果，以物质和非物质的形态存在于城市。城市的文化记忆正寓于这样一些成果之中①。

四川省21个市（州）分布在48.6万平方千米的土地上，山脉、水系的不同组合形成了高低起伏、差异悬殊的地形；藏、彝、羌等少数民族在服饰、语言、生活习俗等方面都各不相同，各市（州）在地形、民族等差异的基础之上，形成了各自的城市性格。

四大城市文化区的城市名片

地形影响着城市文化，四川省地貌复杂，按照地形划分，全省可以分为四川盆地、川西高山高原区、川西北丘状高原山地区等多个部分。2014年起，按照"城市群发展规划（2014—2020）"，四川省着力打造四大城市群，涵盖了省内大部分城市。城市群的组合，不仅考量了经济因素，同时也是城市文化因素作用的结果。根据不同城市文化性格，可大致分为四个城市文化区。

◎平原城市文化区

成都城市群由以成都为中心，包含5个城市，以及乐山市部分地区构成，大部分位于成都平原。

---

① 齐康.《文脉与特色——城市形态的文化特色》，《城市发展研究》，1997年第1期.

成都——天府之国、创新之都：得益于成都平原肥沃的土地和易守难攻的战略定位，"天府之国"的美誉由来已久，成都的"休闲""好耍"更是远近闻名。伴随着经济的发展潜力的不断挖掘，现在的成都不仅有"慢生活"，更有"快节奏"。

德阳——文化城：德阳文化积淀深厚，不仅拥有2项国家级非物质文化遗产，是"中国非物质文化遗产中心中部示范基地"所在地，更是三星堆遗址所在地。不仅如此，因为距离成都仅40千米，依托"成德同城化"发展战略，近年来发展迅猛。

绵阳——科技城：绵阳聚集了中国工程物理研究院、西南自动化研究所、中国空气动力研究与发展中心等一大批科研院所和"三线企业"，是党中央、国务院批准的中国唯一的科技城。

乐山——嘉州、海棠香国：乐山古称嘉州，取"郡土嘉美"之意。又因盛产海棠，而有"海棠香国"之称。同时，乐山也是中国唯一一个坐拥三处不同类型世界遗产的城市（乐山大佛、峨眉山景区、东风堰）。

眉山——进士之乡：眉山是中国历史上著名的"进士之乡"，整个宋朝，眉山共有886人考取进士。三苏父子就是眉山人，因此眉山也被誉为"千载诗书城""人文第一州"。

资阳——西部车城：资阳的汽车制造业起源于20世纪90年代，从农用小四轮车，到现代商用车，再到新制式空轨、齿轨列车，全城范围内，有南骏、中车、现代等相关品牌100多家。

◎蜀南城市文化区

川南城市群位于四川盆地东南部，在地理上也被称为"蜀南地区"。该区域海拔较低、地势平坦，自然资源丰富，自古以来就是富庶之地。

自贡——盐都：自贡拥有13000多口井盐，开采井盐的历史有2000多年，"千年盐都"名副其实。除此之外，自贡还拥有世界级地质公园——恐龙国家地质公园，和可以追溯到唐代的自贡灯会，自贡也因此被称为恐龙之乡、南国灯城。

泸州——酒城："风过泸州带酒香"，由于盛产水稻、糯高粱等粮食作物以及良好的水质，泸州自汉代以来，酿酒业就十分兴盛。泸州现在坐拥"泸州老窖"和"郎酒"两大知名品牌，"酒城泸州，名不虚传"。

内江——甜城：内江从古至今盛产甘蔗，除此之外，唐代开始便有了用蜂蜜制作果脯蜜饯的传统，因此被称作"甜城"。同时，内江也是国家商品粮生产基地，以及四川省粮食和经济作物的主产区。

宜宾——酒都：宜宾植物资源十分丰富,有西部"植物之苑""香料之都""茶叶世界""药物宝库"之美称。同时，因为土地和水质适合酿酒，宜宾也是"五粮液"的产地，"酒都"由此得来。

◎巴城市文化区

川东北位于四川省东北部，属于"巴文化"地区，历史悠久。不仅有承载着千年历史的古城，也有可以体现红军精神的文化元素。

广元——女皇故里：广元是女皇武则天的故里。1988年，广元举行了首届女儿节，"正月二十三，妇女游河湾"的历史传统在1000多年之后再次散发光彩，颇具地方特色。

遂宁——斗城：由于地形犹如酒器——斗，而且古代商贸繁荣、经济发达，取"金满斗"之寓意，因此遂宁也有"斗城"之称。作为成渝的中间点，遂宁有着发达的轨道交通，为其发展，提供了更多动力。

南充——果城、绸都：由于盛产黄果（广柑），南充又有"果城"之称。同时，因为生产优质茧丝，故称"绸都"。曾经的南充是"川北行署区"的驻地，现在的南充依旧扮演着川北经济、物流、商贸和金融中心的重

要角色。

广安——小平故里：历史伟人邓小平出生于广安，广安因此而闻名。现在的广安借助"小平故里"的资源，已成为集缅怀纪念、爱国主义教育、古镇文化、社会主义新农村展示、休闲度假于一体的复合型旅游景区。

达州——中国气都：达州拥有丰富的天然气资源，坐拥全国第一大海相气田、成立了全国第一大天然气化工园区，是国家"川气东送"工程的起点站，素有"中国气都"之称。

雅安——雨城：雅安雨多，有着"雅安天漏"的说法，尽管其地处内陆，每年降雨量却比沿海许多地方降雨量更大，雨城、天全一带某些年份降水量多达2000毫米，故有"雨城"之称。

巴中——川东北氧吧：巴中市有着丰富的森林资源，坐拥米仓山国家森林公园、空山国家森林公园、镇龙山国家森林公园、天马山国家森林公园，有着"川东北氧吧"的称号。

◎高原山地城市文化区

攀西城市群及甘孜阿坝占据了四川大部分面积，多为山地、高原。少数民族元素和宗教元素众多。民族方面，有两大藏族聚居地、国内最大彝族聚居地和国内唯一的羌族聚居区，具有别致的少数民族和宗教文化。

攀枝花——钢城、中国花城：攀枝花是中国钒钛之都，攀钢总部所在地，因此被称为"钢城"。同时，因为气候温暖，日照时数长，素有"中国花城"的美誉。近年来，凭借其优越的自然环境，打造"康养胜地"，已入选全国首批医养结合试点城市。

阿坝——美景天堂：阿坝州拥有丰富的自然资源，九寨沟、黄龙等都位于阿坝，被誉为"世界生态旅游最佳目的地"。同时，阿坝还是四川省第二大藏区，全国唯一的羌族聚居地，拥有自然景观和人文景观的双重

"美景"。

甘孜——诗意家园：甘孜州州府康定因为一首《康定情歌》享誉内外，康定市也围绕《康定情歌》进行文化和基础设施建设，打造"情歌城"。

凉山——中国最大的彝族聚居地：凉山是中国最大的彝族聚居地，气候宜人，享有"万紫千红花不谢，冬暖夏凉四时春"的美誉。得益于西昌海拔高、降雨少、空气湿度小等气候特点，州府西昌被称为"月城"，邛海望月，肺腑俱清。

"藏羌彝文化走廊"的城市文化融合

1978年9月，费孝通提出"藏彝走廊"这一民族学概念①，经过发展，将"羌"也纳入其中。2011年，时任四川省委书记刘奇葆撰文提到"利用以'藏羌彝文化走廊'为核心区域的民族文化产业带，以汶川地震恢复重建区为依托的重建文化产业带，形成具有全国影响力、集聚效果明显和产业特色鲜明的文化产业发展格局"，首次提出"藏羌彝走廊"这一概念。而后，这一概念由四川省扩展到其他省份相关区域。2014年，文化部、财政部正式下发《藏羌彝文化产业走廊总体规划》②，其中对"藏羌彝文化走廊"的区域进行了界定，涉及四川、贵州、云南、西藏、陕西、甘肃和青海七个省。四川省具有包括甘孜藏族自治州、阿坝藏族羌族自治州、凉山彝族自治州的三大核心区域，以及绵阳市、乐山市、雅安市、攀枝花市这四个辐射区域和成都这一城市枢纽。

作为"藏羌彝文化产业走廊"的核心区域，甘孜、阿坝和凉山州本身就拥有丰富的文化资源和丰厚的文化底蕴。甘孜州作为四川省的第一大藏族聚

---

① 费孝通.《关于我国民族的识别问题》，北京:民族出版社，1988.
② 《文化部、财政部关于印发<藏羌彝文化产业走廊总体规划>的通知》.

居区，藏传佛教底蕴深厚，一首《康定情歌》让州府康定，远近闻名；阿坝州不仅是省内第二大藏族聚居区，也是羌族的主要聚居区，藏族嘉绒锅庄、羌族瓦尔俄足节等，都是阿坝州的文化名片；凉山州作为国内最大的彝族聚居区，有着颇具特色的彝族文化。

康定、马尔康和西昌分别作为三州的州府，以节庆、音乐、手工艺品等为载体，将具有其城市特色的文化传递给大众。

◎专栏 4-4 康定——溜溜的城

康定素有"情歌城"之称，人们不一定知道甘孜州有个康定市，但一定知道《康定情歌》。多数人认为《康定情歌》是康定地区古来有之的传统民歌，后经吴文季、江定仙于1947年改编，而后全球传唱。

1952年开始，康定每年举办"情歌节"，节日期间，主要以大型艺术巡游的方式，将情歌和"情歌城"的韵味传播出去。近年来，康定以情歌节为基础，打造"康定情歌国际音乐节"，把康定的情歌传播到了更广阔的天地。

◎专栏 4-5 西昌——彝族火把节

火把节是彝族的传统节日，时间为每年农历六月二十四。关于火把节由来的传说众多，最多的就是和战胜天神有关的故事。

火把节一般历时三天，第一天为"都载"，迎火；第二天为"都格"，颂火、赞火；第三天为"朵哈"或"都沙"，送火。节日期间，大家选美、摔跤、斗牛、赛马等，齐聚一堂，共庆佳节。

西昌市每三年举办一次的"凉山国际火把节"，既为彝族同胞提供了团聚、狂欢的机会，也对外开放，吸引更多外来民众了解彝族文化。

◎专栏 4-6　马尔康——跳起锅庄唱起歌

阿坝州"嘉绒锅庄"被誉为"中国圈舞的活化石"，距今已有1000多年的历史。它的舞蹈动作是对日常游牧、狩猎等活动的模仿，配以歌声，体现了原生态的舞蹈美学。马尔康被誉为"嘉绒锅庄的故乡"。

2012年起，马尔康举办"嘉绒锅庄文化旅游节"，整合各种旅游资源，为"嘉绒锅庄"的传播提供了土壤（图4-1）。

图 4-1　2017阿坝州马尔康第六届嘉绒锅庄文化旅游节开幕

城市文化记忆的存留与打造

文化不仅是融入城市血脉里的性格和气质，还体现在城市建筑、城市布局等城市的痕迹"上。为保留、传承历史文化，发扬、创新新兴文化，四川各地市（州）通过古镇、文化区域的打造，让文化记忆更加生动。

◎文化古镇的营造

四川古镇众多，保留着明清痕迹，有轨电车从城中穿过的安仁古镇；曾经作为南方丝绸之路驿站的上里古镇；因抗战文化、建筑文化闻名的李庄古镇，等等，每个古镇都有可以说道的故事。在古镇的营造上，各地也充分保

留了其原本的特色，呈现可见、可触的文化记忆。

1940—1946年，同济大学、中央研究院、中央博物馆等文教机构为躲避日机轰炸，迁校李庄。之后，梁思成先生的《中国建筑史》诞生在这里；董作宾的甲骨文研究成果《殷历谱》出版在这里；李济写成《殷墟器物甲编：陶器》《西阴村史前遗存》《李济考古学论文集》等，让中国考古学在这里成为一门独立于历史学的自然学科……一个在地图上都难以发现的西南边陲小镇，因为历史的机缘巧合，成为与重庆、成都、昆明齐名的四大文化抗战中心之一，"抗战文化"成了李庄颇具影响力的文化符号。

然而李庄的文化底蕴不止于此，今天的李庄充分挖掘自身历史、文化资源，着力打造"抗战文化""建筑文化""民俗文化"和"美食文化"这四张名片[1]，让更多人了解到李庄作为"万里长江第一古镇"的魅力。

在建筑文化上，除了有慧光寺、玉佛寺、南华宫等"九宫十八庙"，还有被梁思成一并称作"古镇四绝"的"螺旋殿""魁星阁""百鹤窗"和"九龙碑"，是现存较为完好的明清建筑古迹。2016年起，李庄成为"中国古建营造技术保护与发展论坛"永久举办地，这张古建筑文化的名片，随着更多专家、学者、古建筑爱好者的到来而传播出去。在民俗文化上，李庄借助"民俗文化进课堂"，组建10支民俗文化宣传队伍等形式，让草龙舞、牛儿灯、腰鼓等具有李庄特色的民俗活动，深入到市民生活当中。还通过2017、18年连续两年"民俗文化活动周"和"民俗文化活动月"的举办，更加集中地展现李庄民俗文化的魅力与特色。李庄美食以"一花（花生）二黄（黄辣丁、黄粑）三白（白肉、白酒、白糕）"著称。作为民俗文化周、文化月的系列活动之一，"古镇刀客"不仅让民众参与到文化中来，还使得李

---

① http://www.yibin.gov.cn/public/detail.jsp?classId=020118&newsId=484592&search_text=%CO%EE%D7%AF.

庄的美食得到更广泛的关注①。

通过一系列文化品牌、文化节日的打造以及文化活动的开展，李庄的"文化"不仅仅是一个象征性符号，更是让市民走近其中，成为可触摸、可参与的文化。2018年，李庄古镇通过5A级景区评价②，依托产业的发展，李庄文化将具有更广泛的影响力和更持久的生命力。

◎ 新兴文化区的打造

城市的文化记忆不仅体现在久远的历史文化之上，随着时代的发展，新兴文化对城市文化的塑造上也有重要的影响。四川省，尤其是成都市，通过文化产业园区的打造，给了新兴文化培育与发展的土壤。尽管文创产业区当前的发展还存在许多问题，但作为城市新兴文化的集中体现，仍然扮演着重要的文化角色。例如东郊记忆的华丽变身，使旧工厂的古老躯体里流淌着年轻的文化血液。

三、社区治理

"社区"是社会学中的重要概念，20世纪20年代被我国著名社会学家费孝通引入国内。关于社区的概念，尽管学界观点诸多，但普遍将社区视为生活共同体。从社会生活的角度来看，它是活动的区域和空间；从社会管理的角度来看，它是最基本、最底层的管理单元。尤其是社区治理，更是涉及国家、社会、公民三者之间的关系。社区的良好治理，于恢复社区活力、推动

---

① http://www.yibin.gov.cn/public/detail.jsp?classId=020111&newsId=9606644&search_text=%C0%EE%D7%AF.

② http://www.yibin.gov.cn/public/detail.jsp?classId=02010813&newsId=9609548&search_text=%C0%EE%D7%AF.

政府改革和社会发展有着重大意义[①]。

我国全国范围内的推广社区治理始于2000年，民政部颁发《关于在全国推进城市社区建设的意见》，该意见不仅在政策层面明确了社区的概念（聚居在一定地域范围内的人们所组成的社会生活共同体），更是提出城市社区治理"是改革开放和社会主义现代化建设的迫切要求；是繁荣基层文化生活，加强社会主义精神文明建设的有效措施；是巩固城市基层政权和加强社会主义民主政治建设的重要途径"。

党的十八大中，首次提到"社区治理"这一提法，社区建设进入了从"管理"到"治理"的新阶段。党的十八届三中全会《中共中央关于全面深化改革若干重大问题的决定》中，又提出要"创新社会治理""提高社会治理水平"，社区治理的重要性可见一斑。

四川省范围内，也对社区治理给予了相当大的支持。早在2000年，成都市就率先开展城市社区治理工作，出台《中共成都市委成都市人民政府关于加强城市社区建设的意见》《成都市城市社区建设管理规定》等文件，以基层社区组织为起点，着手开展社区治理工作。

四川城市社区治理的发展

在制度保障上，四川省内从省级层面到各市（州），都有相应内容。2017年，四川省民政厅、四川省委组织部等十六部门联合印发了《四川省城乡社区服务体系建设"十三五"规划》[②]。为深入贯彻十九大精神在城乡服务体系建设方面的内容，该规划提出建设六大任务，实施五大工程，落实五

---

① 吴晓林，郝丽娜.《"社区复兴运动"以来国外社区治理研究的理论考察》，《政治学研究》2015年第1期.
② 四川省民政厅等十六部门联合印发《四川省城乡社区服务体系建设"十三五"规划》.

条保证措施，全方位为建设居民满意的城乡服务体系保驾护航（图4-2）。针对城市社区，该规划尤其提出，到2020年：城市社区综合服务设施覆盖率达到100%，每百户居民拥有的社区服务设施面积不低于30平方米；基本公共服务项目覆盖到所有城乡社区；每个城市社区拥有10个以上的社区社会组织，80%以上的驻区单位与社区签订共驻共建协议，让城乡居民共享全面建成小康社会的发展成果。预计到2020年，城市居民将在社区内享受到更全面的社会服务，依托社区治理进入到社区内的社会组织也会为社区营造提供更多的便利。

2018年4月，四川省委省政府印发《关于进一步加强和完善城乡社区治理的实施意见》①。该意见全方面围绕城乡社区治理展开，在健全治理体系、提升治理水平、补齐治理短板上，提出了明确的要求和指导意见。该意见指出，在城市社区内，按照2000户至4000户常住居民的规模设置1个社区。制定县（市、区）职能部门、街道办事处在社区治理方面的权责清单；厘清街道办事处与社区居民委员会的权责边界。在过去的社区管理中，随着政府工作的下沉，往往造成社区工作人员压力过大的情况，"上面千根线，下面一根针"，并非政府机构的社区实际上成为街道居委会的下一级机构，且负担了繁重的工作任务。该意见中提出将街道办和居委会全责的划分，正是着力于解决社区工作中，这一痛点难点。

除上述文件外，四川省还先后出台《关于加强城乡社区建设和创新管理服务的意见》《关于全面深化改革加强基层群众自治和创新社区治理的通知》《关于政府向社会力量购买服务工作的意见》等文件，为城市社区治理提供了政策保障。

---

① 四川省委省政府印发《关于进一步加强和完善城乡社区治理的实施意见》.

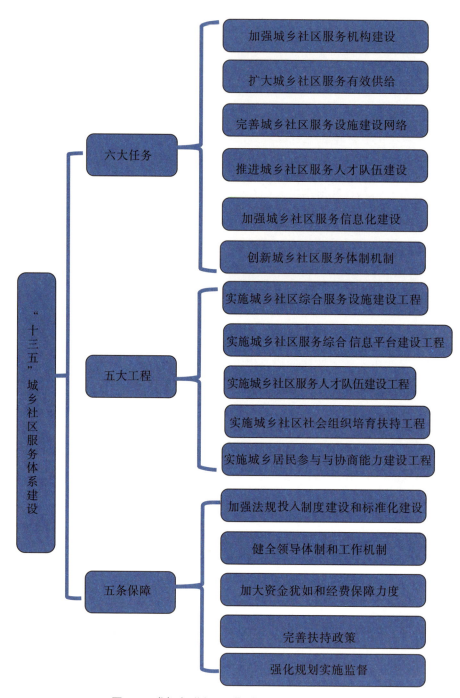

图4-2 成都市"十三五"城乡社区服务体系建设

除省级层面之外，四川省内各城市，也有相应的政策及制度支持。

例如，2012年，巴中市印发《关于加强和创新社区建设管理的意见（试行）》，从创新社区管理体制、完善社区服务体系、强化工作保障机制三个大的方面入手，建设主体多元、设施配套、功能完善、内容丰富、队伍健全、机制合理的社区治理格局与服务体系。努力把城乡社区建成民主自治、管理有序、服务完善、文明祥和的社会生活共同体①。

2017年9月，成都市委成立城乡社区治理委员会。这种设置一个专门负责统筹推进城乡社区发展工作的职能部门，在全国还是首创。成都设置四级社治委，从市、区（市）县、街道（乡镇）最后到社区。将过去分散在组织、民政、住建、司法等40多个职能部门的权利，在社区范围内进行统筹，整合资源，行之有效②。

2018年，攀枝花市民政局、市委组织部等15个部门联合印发了《攀枝花市"十三五"城乡社区服务体系规划》③。该规划明确了"十三五"城乡社区服务体系建设五大任务，包括推进社区公共服务均等化；加强社区综合服务设施建设；加强社区服务信息化建设；完善社区服务功能；健全政府购买社区服务机制。同时，提出要抓好增强社区服务水平，减轻社区工作负担，提升社区服务能力，消除社区发展壁垒"四大工程"，做好"加减乘除"四个方面。

---

① http://xxgk.cnbz.gov.cn/t.aspx?i=20180824150603-259313-00-000.
② http://sc.people.com.cn/n2/2017/0904/c379471-30688217.html.
③ 攀枝花市民政局、市委组织部等十五部门联合印发《攀枝花市"十三五"城乡社区服务体系规划》.

四川城市社区治理实践

近年来，四川省城乡社区治理发展较快，各社区在充分利用政策之外，还针对自身特点有了一系列开创性举措。如成都市共享停车的尝试，成华区的"院落+社团"微自治体系，自贡市社区"道德银行"等，通过调整社区基层组织结构、优化社区基础设施、引进社会组织进行培养等方式，增加社区内相关主体共建共治共享的积极性和能力，收效良好。

◎城市社区治理实践一：共享停车[1]

成都是全国私家车保有量第二的城市，车位紧张、停车难，但同时，车位空置率也很高，居民小区白天和夜间车的位闲置率分别约为50%和15%。2015年，成都途图乐科技有限公司发现了这一对矛盾，设计推出了"私家车位"APP，用于连接有车位的单位和个人有需要车位的车主，即"共享车位"。2018年2月12日，成都市出台《关于鼓励和支持停车资源共享利用工作的事实意见》，"共享车位"有了政策上的支持。

看似是一个单纯的经济行为，但却无形之中也影响了社区治理。共享停车的良好实践，需要企业提供平台、政府出台政策、业主出租车位、物业引导管理等多方共同作用。例如望江嘉苑小区的业委会还主动承担了与小区业主沟通的职责，积极推进共享停车。出于个人生活便捷和获取一定收入的考量，共享停车让业主们更加关注自己生活的地方，进而倒逼各主体参与进社区的治理中来。不仅如此，临近小区之间也可进行车位共享，在获得方便的同时，还在更大范围的社区内，有所交流。

◎城市社区治理实践二："居民道德银行"[2]

2015年1月起，自贡市龙湖远达社区率先开设了"居民道德银行"。行

---

[1] https://news.sina.com.cn/c/2018-10-29/doc-ihnaivxq1941471.shtml.

[2] http://www.scmz.gov.cn/Article/Detail?id=23283.

长由社区主任担任，只存道德不存钱。居民将优秀道德行为兑换成"道德币"存入自己账户，凭此可以争先评优、兑换奖品和服务。该项目自启动以来，截至2018年2月，已有3000多名居民开户，涵盖各个年龄层次和不同职业。

之后，道德银行也在自贡市其他社区实践。如贡井区公布社区居民道德积分榜，通过个人自荐、居民引荐、社区推荐吸纳"储户"。建立《贡井区居民公益活动积分管理制度》，设置"孝亲敬老、帮扶弱残、平安卫生、道德文明、遵纪守法"五类指标，并通过一系列指标，增减"道德积分"，道德积分将作为"道德文明户""星级文明户""贡井好人""孝老敬亲模范"先进典型评选及入党政审、参军政审重要依据，对于积分低于基础分值的储户，社区将对其谈心教育。

龙湖远达社区主任、"道德银行"行长表示，银行成立的初衷就是为了鼓励居民奉献爱心，弘扬良好的社会风气，在社区形成"人人为我、我为人人"的新风尚。"道德银行"良好、有效的运行，对社区治理的意义则远不止于此。它的各个环节，从积分制度的建立，善行的践行，再到过程的监管，都需要居民的积极参与。通过参与，社区将居民网罗到一起，形成了互帮互助的良好局面。同时，也为社区治理提供了更活跃的氛围，降低了社区治理的难度。

◎**城市社区治理实践三："院落+社团"微自治**①

由于近年来在成华区实施的一系列"统筹城乡"、产业结构调整、更新改造等举措，大量"单位人"变成"社会人"，"农村居民"变成"新型市民"，这些变化给基层社会治理带来了新的挑战。围绕自身特点，成华区建立"院落+社区"微自治体系，并在2014年1月被国家民政部确认为第二批

---

① http://www.scmz.gov.cn/Article/Detail?id=18537.

"全国社区治理和服务创新试验区"。

成华区通过六大措施，提升区域社区治理水平：

第一，坚持"突出院落、完善配套、形成体系"，建设好配套设施。截至2017年，投入3.8亿元用于社区活动场所提档升级、老旧院落改造，建成院落"连心驿站"258个，社区养老院10个，日间照料中心77个，"阳光家园""430学校"等配套设施135个。从设施建设到公共服务，提供了全面、完善的服务内容；

第二，坚持"党建核心、群团枢纽、社团分类"，建设"院落+社团"的社区自治体系。以党为核心，成立了一系列专业化、功能化的自治组织、社团组织，并且将各个主体联结起来，建成自治体系。

第三，坚持"以人为本、服务多元、共建共享"，建设多元服务体系。从社区公共、便民利民、社区志愿三个角度入手，完善服务体系建设，为居民提供多元、贴心的服务。

第四，坚持"数据联通、优化服务、全区通办"，建设好社区服务信息化。打造"一网式"区级政务服务，"一窗式"街道便民服务和"一键式"社区生活服务，使居民享有更加便利的政务、医疗、文化等服务。

第五，坚持"公众参与、协商共治、政社互动"，做活"服务+治理"机制。通过"两委一站"模式，权责各归其位，有效为社区减负。同时调动社区各方参与进社区事务的积极性，完善社区治理。

第六，坚持"因地制宜、分类治理、示范引领"，做好分类治理机制。从党群服务中心到社团，社区内每一主体都成为一个方面的"引领者""推动者"，发挥各主体的长处，形成了有效地分类治理机制。

最终，成华区实现了老旧院落的全面整治，居民自治积极性的调动，以及社会组织和社区原有力量的良性互动。

四、健康城市

"健康城市"理念的提出

2016年10月25日，中共中央、国务院印发并实施《"健康中国2030"规划纲要》，将"健康"放到了十分重要的高度，并明确指出要"把健康融入所有政策"，"健康"的重要性可见一斑。

我国将"健康城市"视作"卫生城市"的升级版[①]。在城市环境卫生之外，还强调要通过完善城市的规划、建设和管理，改进自然环境、社会环境和健康服务，全面普及健康生活方式、满足居民健康需求，实现城市建设与人的健康协调发展。健康城市重点涉及五大领域——环境、社会、人群、服务和文化。环境方面，从规划建设污水处理厂、垃圾无害化处理厂等基础设施建设入手，通过政府、企业、公众共同参与，营造健康环境；社会方面，内容上包括基本养老、医疗，农产品和食品药品监管等，覆盖老年人、残疾人、孤儿等，使全民有尊严地生活和平等参与社会发展，构建健康社会；服务上，建立健全基本医疗卫生服务体系，实现人人享有基本医疗卫生服务，优化健康服务；人群上，针对不同人群提出不同的健康目标，引导居民建立养成健康的生活方式，促进自身健康的能力；文化上，多角度、多层次、全方位的宣传健康知识，在全社会范围内倡导健康理念，发展健康文化。

四川在"健康城市"的建设上，具有前瞻性。早在2008年就启动了"全民健康生活方式行动"，行动包括国民营养计划、全民健身运动、控烟履

---

① 陈柳钦.《健康城市：城市发展新追求》，《战略研究》，2008年第11期.

约行动、保持心理平衡、减少药物滥用和减少不安全性行为六个方面。截至2015年，全省21个市（州）124个区（县）参与其中，"行动"覆盖率为67%[1]。为积极响应国家《"健康中国"2030规划纲要》，四川省印发《四川省全民健康生活方式行动实施方案（2017—2025）》。得益于四川省各级政府的重视和全民的积极参与，十三五期间，四川省"健康城市"建设取得了良好的成效。

四川省"健康城市"的探索与实践

在2016年颁布的首批"健康城市"名单中，四川省入选成都、泸州两城，位列全国第四，西南地区第一。

◎成都市"健康城市"建设

成都市2016年获颁首批"健康城市"，经验重点在于以下三个方面：

首先，提供健康服务。成都市规划建设运动健身基础设施，如健身步道、文体活动中心、"一场一馆一池两中心"等，在城市社区形成了"15分钟健身圈"，鼓励居民参加类型多样的运动活动。同时，充分利用中医药优势，打造"治未病"中心建设，防患于未然，预防疾病，促进健康。

其次，营造健康环境。成都市推进"细胞工程"，将健康知识、医疗服务下沉到社区、乡镇；强化食品药品安全监管，追溯食物原材料，加强对餐饮行业的监督，逐步建立了食品安全风险控制体系；对大气和水源进行监管，现存问题进行整治。通过上述举措，多管齐下，打造健康环境。

最后，构建健康社会。"健康"不仅着眼于人民群众身体的健康、环境的优美，更包括了社会的良好运行和协调发展。在教育上，促进教育均衡协

---

① 李羚.《四川蓝皮书•社会（2017）》，北京：社会科学文献出版社，2017.

调发展，缩小教育差异，落实义务教育；就业创业上，从财税、金融等方面入手，增强创业就业政策之间的衔接性；社会救助制度上，全面开展高标准的扶贫工作，落实最低生活保障、医疗救助等制度；住房上，从"租、售、补"三个方面入手，建立健全相关政策，为不同收入群体提供住房保障。

"健康城市"之后，成都竭力打造"健康成都，幸福蓉城"，以初步建成环境优美、保障健全、文化繁荣、人群幸福的国家"健康城市示范市"为目标，提出了"1521"战略，即建成健康城市示范市的1个中心目标，营造健康环境、构建健康社会、优化健康服务、培育健康人群、弘扬健康文化的5大重点建设领域，以及4项共21项具体任务[①]。

◎专栏 4-7 健康成都"1521战略"

营造品质宜居健康环境

　　——优化城市空间规划，促进区域间功能互补互促；

　　——打赢"三大治污战役"，实现生态可持续发展。

构建公平和谐健康社会

　　——完善社会保障制度，消除人民后顾之忧；

　　——大力发展教育事业，促进城乡教育均等化；

　　——多渠道保障住房需求，加快实现市民"安居梦"；

　　——建立点线面结合防控体系，形成公共安全网；

　　——加大就业保障力度，打造一流就业环境。

优化多元健康服务

　　——对标先进城市，增强健康供给能力；

　　——创新分级诊疗体制机制，提高卫生资源配置效率；

---

① http://www.sc.gov.cn/10462/10464/10465/10595/2017/12/28/10441745.shtml.

——提升公共卫生服务能力，促进公共卫生服务均等化；

——优化养老服务保障，实现健康长寿。

培育幸福健康人群

——实施专项健康服务，保障重点人群健康；

——推进健康细胞工程建设；

——建设成都市天府绿道。

弘扬优秀健康文化

——将公众传播和专业传播有机结合，打造健康传播平台，推进健康文化传播；

——加强学校健康教育，将中小学学生健康知识知晓率、健康生活方式与行为形成率等指标纳入学校评价体系，培育健康新生代；

——传承优良中医药文化；

——推进全民健身活动，丰富群众体育生活，传播健康运动理念。

优先发展健康产业

——规划建设重点项目，夯实健康产业基础；

——涵养融合多彩业态，打造健康产业引擎。

◎泸州市"健康城市"建设

2016年，泸州市开始实施"八大工程"，以确保2017年建成健康城市，到2020年，建成健康城市示范市。"八大工程"，包括健康环境营造工程、食品安全保障工程、健康细胞建设工程、健康文化推进工程、全民预防保健工程、全民健身工程、医疗卫生服务体系完善工程和创新发展工程，力图打造"一座人人享有健康的城市"①。2016年，泸州市和成都市一同，代

---

① http://www.sc.gov.cn/10462/10464/10465/10595/2018/2/5/10444525.shtml.

表四川入选全国38座健康城市名单。

和成都类似，泸州市也主要是通过营造健康环境、优化健康服务、培育健康人群、构建健康社会、打造健康文化和发展健康产业六条路径，来建设"健康城市"：

第一，从基础设施建设入手，营造健康环境。泸州市开展"卫生细胞创建"，将工作延展到社区、学校、企业和家庭。

第二，提升健康服务能力。提档升级基层医疗机构、管理培养基层卫生人才，以此为抓手，提升医疗卫生服务水平。

第三，重视预防保健，培育健康人群。全市范围内实施"全民预防保健服务体系建设试点"，做好健康管理工作，并通过健康生活方式的倡导，预防疾病的发生。

第四，建设健康服务体系，构建健康社会。泸州通过"15分钟健身圈""全食品链"管理等手段，减少健康威胁，提升整体环境健康水平。

第五，顺势文明城市创建，打造健康文化。泸州市巩固文明城市创建的成果，融健康文化于市民教育之中，营造健康文化的氛围。

第六，投资医药，发展健康产业。泸州市大力发展现代医药产业和养老服务业，并联动旅游、康养等多方资源，构建健康产业发展的全格局。

主要参考文献：

【1】陈柳钦.健康城市：城市发展的新追求［J］.学理论，2008（11）.

【2】费孝通.关于我国民族的识别问题［M］.北京：民族出版社，1988.

【3】李羚.四川蓝皮书·社会（2017）［M］.北京：社会科学文献出版社，2017.

【4】齐康.文脉与特色——城市形态的文化特色［J］.城市发展研究，1997（1）.

【5】吴晓林，郝丽娜."社区复兴运动"以来国外社区治理研究的理论考察［J］.政治学研究，2015（1）.

第 五 章

城镇化：现代化的必由之路

四川城市读本

　　本章在回顾四川城镇化发展历程、概括四川城镇化现状的基础上，对四川城镇化水平进行了比较和定位。

　　在描述四川农民工概况的基础上，阐述四川农民工城镇化面临的几个主要难题以及四川出台的具有针对性的政策措施，对四川结合省情提出的就地就近城镇化道路进行了回顾和政策梳理。

　　总结了四川推进城乡一体化、消除二元结构的经验及特色。

　　在新时代大背景下，四川城镇化面临诸多新的挑战，四川新型城镇化也出现了新的战略部署，对适应新时代的四川城镇化发展举措进行了总结。

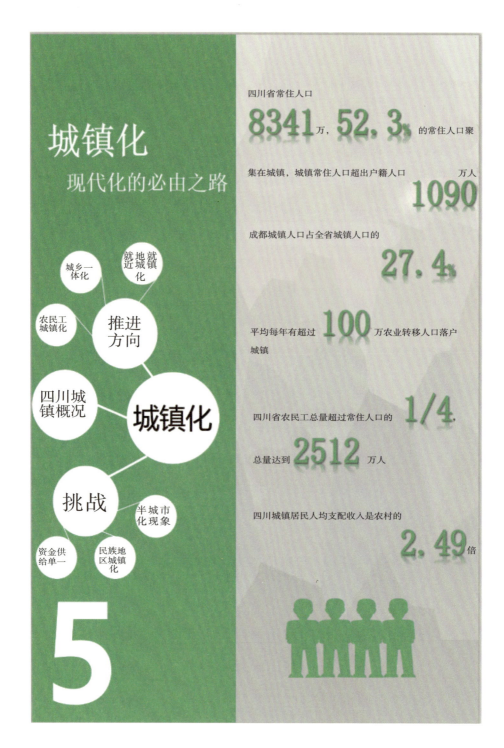

城镇化
现代化的必由之路

城乡一体化
就近就地城镇化
农民工城镇化
推进方向
四川城镇概况
城镇化
挑战
半城市化现象
资金供给单一
民族地区城镇化

5

四川省常住人口
8341万，52.3%的常住人口聚
集在城镇，城镇常住人口超出户籍人口
1090 万人

成都城镇人口占全省城镇人口的
27.4%

平均每年有超过 100 万农业转移人口落户
城镇

四川省农民工总量超过常住人口的 1/4，
总量达到 2512 万人

四川城镇居民人均支配收入是农村的
2.49倍

当前，一场波澜壮阔的历史性的社会结构变革正在中国大地上持续推进，这就是城镇化。更多的就业机会、更高的收入水平、更好的生活条件、便利的公共服务、多样化的休闲娱乐方式等特点吸引着越来越多的农村人口进入城镇，进行高效率的生产活动，享受现代城市文明。城镇化派生的投资和消费需求是拉动经济增长的主要动力，工业化、市场化、国际化等社会现代化的一系列表征也都需要依靠城镇这个载体来完成。进入新时代，社会主要矛盾已经转化为人民日益增长的美好生活需要和不平衡不充分的发展之间的矛盾，城镇化将以更大的规模、更高的质量稳步迈进，完成从传统农业社会向现代城市社会的转变。

一、城镇化水平

发展历程

位于中国西部内陆地区的四川是典型的农业人口大省，险恶的地形条件和落后的交通设施阻碍了四川的对外经济联系，也限制了作为城镇化主要推动力的工业发展。因此，在新中国成立之前，四川的城镇化发展较为缓慢，仅有的少数几个大中城镇分布于长江沿岸和川西平原中心等粮食产区，城镇化率低于全国平均水平。

新中国成立之后，社会安定，百废待兴，全国的工业化获得了一个较为稳定的发展环境，四川也拉开了城镇化的序幕。在国家工业化战略直接推动下，随着工业交通建设由沿海向西部转移和三线建设的推进，四川城镇化有了较大发展，涌现出一批新兴工业城市，如绵阳、德阳、攀枝花等，为城镇化的快速发展打下了坚实基础。这一时期的城镇化，是在优先发展重工

业的大方针下发生的，重工业具有资金技术密集的特点，对劳动力的吸纳能力有限，四川农业人口向城镇转移较为缓慢；此时的城市建设优先为工业化服务，呈现出"先生产，后生活"的特征。1978年末，四川的城镇化率达到11%，落后全国平均水平6.9个百分点。

改革开放之后，全国的工作重心转移到了社会主义现代化建设上，四川的城镇化进程得以大步向前发展。乡镇企业的兴起加快了工业化进程，轻工业得到快速发展，极大地增加了城镇就业机会，城镇建设也逐步具备接纳大规模农村转移人口的能力。从1982年到2000年，四川城镇人口从1024万增加到2224万，城镇化率从14.1%增加到26.7%，年均增长0.7个百分点。虽然四川城镇化率稳步提升，但与全国平均水平的差距却在逐步扩大，到2000年低于全国平均水平9.5个百分点。在这一时期，四川第二产业和第三产业吸纳了绝大多数新增劳动力，农村人口在1991年达到6979万人的峰值后开始下降，第一产业从业人口在1992年达到3200万人的峰值后开始减少。同时，东部沿海地区的经济快速发展，吸引了大量农村劳动力转移，2000年全国人口普查数据表明，四川常住人口8329万，流向外省半年以上的人口约为300万。

进入新世纪后，国家进行了一系列经济发展制度改革，推行了一揽子有利于西部地区经济发展的战略举措，四川城镇化进入了高速发展时期。西部大开发战略推动了大规模资金对四川城市进行投资，土地出让制度改革为城镇公共服务建设积累了庞大资金，工业的发展和房地产业的兴起在很大程度上拉动了城镇建设高速发展，第二、第三产业向城市聚集产生的规模效应带动四川经济高速增长，产业结构持续优化，更多农村人口开始向城镇转移。从2000年到2013年末，四川城镇常住人口增至3769万，年均增加110万人，城镇化率也从26.7%提高到了46.3%（图5-1），年均增加1.4个百分点，城镇化速度快于全国平均水平，与全国的差距逐步缩小，非农产业就业人口比例从43.3%提高至60.5%，第二、第三产业增长对加速城镇化贡献巨大。

2014年至今，四川推行新型城镇化发展，以人的城镇化为核心，以科学规划引领城镇化快速、健康发展，不断优化城镇空间布局，强化城镇产业支撑，增强城镇综合承载能力，推进城镇管理制度创新，完善城镇化发展体制机制，注重保护农民权益。近年城镇化水平持续提升，新型城镇化发展效果显著。

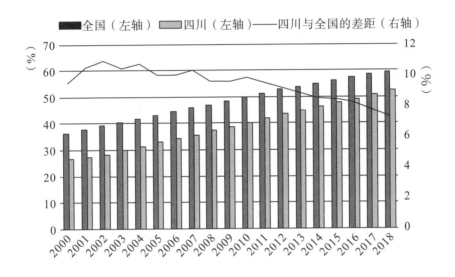

图 5-1　2000—2018 年四川与全国城镇化率比较

资料来源：《四川统计年鉴 2019》《中国统计年鉴 2019》

发展现状

近年来，《四川省新型城镇化规划（2014—2020年）》在四川大力推进实施，目前，全省初步形成了由1个超大城市、5个大城市、8个中型城市、138个小城市和1904个小城镇组成的现代城镇体系。

四川整体城镇化率偏低，城镇化速度较快，城镇化区域差距明显。2018年末，四川常住人口为8341万人，城镇化率达到52.3%，与全国平均水平的

差距进一步缩小到7.3个百分点，城镇化速度快于全国平均水平，较之于以往四川城镇化率落后全国10个以上百分点的状况，有了进一步改善。四川作为农民工大省，每年有超过千万的农村人口进入城镇务工，这部分人口与从外省流入四川城镇的人口一样，都是不可忽视的城镇常住人口的组成部分，这就表现在户籍人口城镇化率和常住人口城镇化率的差异上，2018年四川户籍人口城镇化率仅达到35.9%，城镇常住人口与户籍人口规模相差超过一千万人，由此可见四川城镇化发展任重道远。

横向比较

要对四川的城镇化发展有进一步认识，就必须将四川放入更大的空间范围内进行比较。将四川与全国、国际同等发展水平地区分别进行对比，找出四川城镇化发展水平的定位。

从全国各省份来看，四川城镇化水平偏低（图5-2）。2018年全国共有13个省（市）的城镇化率超过60%，有14个省（市）城镇化率超过50%，四川城镇化率略高于50%排在第24位，这个位次十多年来基本没有改变，但四川城镇化增幅较大，增幅位列全国第7，高于全国平均增幅。

改革开放以来，四川城镇化率与全国的差距呈现出先扩大再缩小的过程。1978年，四川城镇化率为11%，与全国的差距为6.9个百分点，其后由于东部地区改革开放率先启动，经济发展水平较高，城镇化快速推进，因此四川城镇化率开始与全国差距逐步扩大，2000年四川城镇化率为26.7%，与全国的差距扩大到9.5个百分点，随着西部大开发等一系列国家战略的推行，四川城镇化速度明显加快，2010年以后与全国的差距开始稳步缩小，到2018年末，四川城镇化率达到52.3%，与全国的差距缩小到7.3个百分点（图5-3），也是近十多年来与全国差距最小的一年。

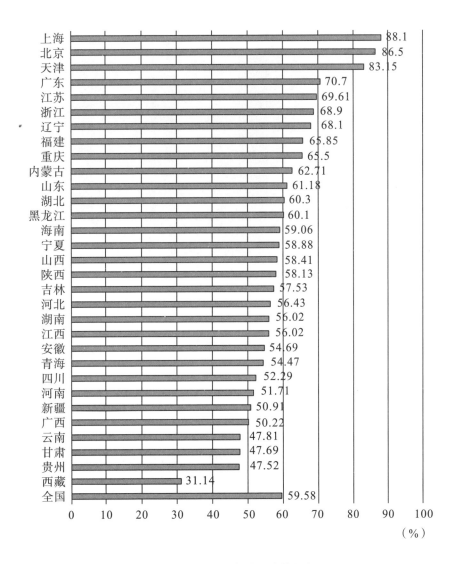

图 5-2 2018 年全国各地区城镇化率

资料来源：《四川统计年鉴 2019》《中国统计年鉴 2019》

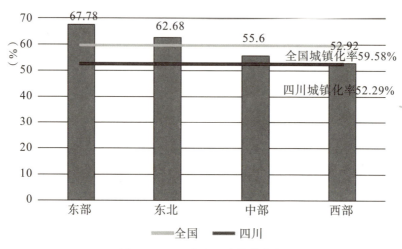

图 5-3　2018 年各区域城镇化率

资料来源：《中国统计年鉴42019》

进一步分区域看，四川城镇化率与东部差距最明显，比东部地区城镇化率最低的河北还要低4.1个百分点，与东北和中部差距次之，略低于西部地区整体城镇化率。在西部12个地区中，四川城镇化率排名第6，比最高的重庆低13.2个百分点。

城镇化发展水平与经济发展水平具有高度相关性，因此如果对与四川人均GDP相当的省份来考察四川城镇化率，就会发现四川城镇化率滞后于经济发展水平。2018年四川人均GDP达到4.89万元，低于全国的6.46万元，在全国排名第20位，其中，人均GDP低于四川的青海的城镇化率反而高于四川（图5-4）。

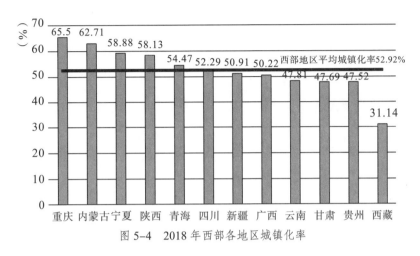

图 5-4　2018 年西部各地区城镇化率

资料来源：《中国统计年鉴 2019》

　　放到国际上看，与四川人均GDP相当的国家大多具有更高的城镇化率，如泰国、南非、厄瓜多尔、秘鲁等，而不少人均GDP低于四川的国家也具有高于四川的城镇化率，如乌克兰、阿尔及利亚、摩洛哥、巴拉圭等[①]，这说明四川的产业结构有待进一步优化，四川当前的经济发展水平应该孕育出更高的城镇化率。

　　值得注意的是，四川52.29%的城镇化水平是建立在8341万常住人口的基础上的，这意味着如果要完成80%的发达国家城镇化水平，四川未来需要有2300余万农村人口进入城市。超大的人口基数使四川要缩小与全国和东部地区城镇化发展水平的差距面临更多更严峻的挑战。

空间分布

　　四川城镇人口分布呈现出区域分布差异（图5-5）。98%的人口分布

---

① 资料来源：《世界城市化展望：各国及地区城市人口规模和变动率（1995—2025）》.

在川东和川南，在川西和川北这四川近 半的面积上仅承载了2%的城镇人口。分地区看，成都以1194万城镇常住人口高居榜首，占全省城镇人口的27.4%，近乎排名第二的南充城镇人口的4倍；阿坝藏族羌族自治州和甘孜藏族自治州城镇人口最少，两州各占全省的0.86%。城镇人口总量前六名的成都、南充、达州、绵阳、宜宾、泸州的城镇人口总和占据全省城镇人口的56.5%。

当然，这样极具差异性的城镇人口分布与四川独特的地形条件有关。四川位于青藏高原与长江中下游平原的过渡地带，西部为地质灾害频发的川西高原，东部为西南粮食主产区四川盆地，在传统农业社会就形成了东部人口稠密而西部地广人稀分布状况，胡焕庸线从四川穿省而过，这样的人口分布状况影响到现代城镇的形成，因此虽然四川全境面积较大，但适合现代城镇发展的区域基本都在不到一半面积的四川东部地区，所以形成了这种独特的城镇人口分布情况。

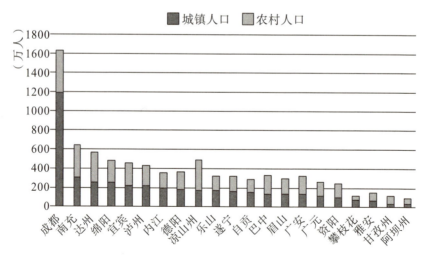

图 5-5　2018 年四川各市（州）常住人口

资料来源：《四川统计年鉴 2019》

如图5-6所示，2013年初至2018年末，全省城镇人口增加845万人，成都平原地区、川东地区、川南地区是城镇化的主力军。其中，成都城镇人口增加224万，占全省城镇人口增加总量的26.4%，以绝对优势位居全省第一，这与成都自身较大的人口基数相匹配；位于川东北的南充和达州并列第二，各占全省城镇人口增加总量的7.3%，成都平原地区的绵阳以及川南地区的宜宾、泸州分别以6.2%、5.1%、5.0%的增量占比紧随其后。成都、南充、达州、绵阳、泸州、宜宾这六个城市的城镇人口增量总和达到了全省增量的57.4%。这说明城镇人口聚集仍然是以大城市为主，而小城市的吸引力相对不足（由于2016年资阳所辖简阳划入成都导致资阳城镇人口减少）。

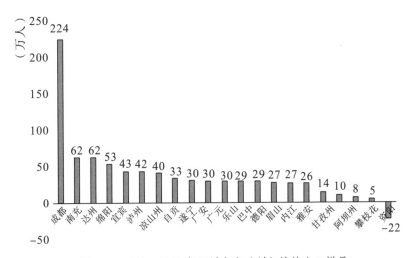

图 5-6　2013—2018 年四川各市（州）城镇人口增量

资料来源：《四川统计年鉴 2019》

市州城镇化发展

2018年四川省内各市州城镇化率情况如图5-7所示，仅有成都、攀枝花、自贡、德阳、绵阳5城超过全省平均水平，成都的城镇化率最高，达到73.1%，

甘孜州最低，仅为31.7%。市州之间城镇化率差异较大，可分为三个梯队。

第一梯队：城镇化率超过65%的市州，仅有成都和攀枝花。成都从2010年起、攀枝花从2016年起城镇化率超过65%，代表四川城镇化的最高水准，并且这两个城市的城镇化率远远高于全国平均水平。

第二梯队：城镇化率在45%~55%的市州，有自贡、德阳、绵阳、遂宁、乐山、泸州、宜宾、内江、南充、雅安、眉山、广元、达州13个城市，其中仅有自贡、德阳和绵阳城镇化率略高四川平均水平，与全国平均相比还有不少差距，这些城市城镇化率较为接近，虽然大差距落后第一梯队的成都和攀枝花，但又明显高于第三梯队的市州。

第三梯队：城镇化率低于45%的市州，有资阳、广安、巴中、阿坝、凉山、甘孜6个市州，其中巴中城镇化速度较快，但其余市州城镇化速度依然在省内排名靠后。

总体来看，四川缺乏城镇化率55%~65%的城市，各地区城镇化率存在较大差异，城镇化发展不充分、不平衡的问题凸显，城镇化水平还有极大的提高空间。

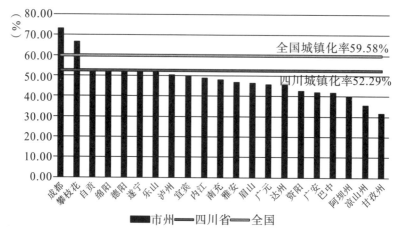

图5-7 2018年四川21市（州）城镇化率

资料来源：《四川统计年鉴2019》

二、农民工发展

农民工的基本情况

四川省农民工总量持续增加，增量主要来自省外输出农民工。2018年四川农民工总量达到2512万人（图5-8），占四川农村人口的40%左右，超过四川常住人口的四分之一，占全国农民工总量的8.7%。2018年四川农民工比上年增加6.6万人，增长0.3%，低于全国平均增幅0.3个百分点。其中，省内流动农民工1414.0万人，比上年增加88.4万人，增加6.7%；跨省流动农民工1097.6万人，比上年减少81.8万人，减少6.9%[1]。

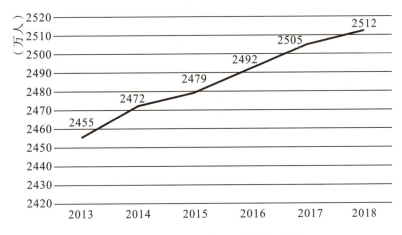

图5-8　2013—2018年四川农民工总量

资料来源：2013—2018年四川省人力资源和社会保障事业发展统计公报

---

[1] 资料来源：《2018年四川省人力资源和社会保障事业发展统计公报》《2018年度人力资源和社会保障事业发展统计公报》.

跨省务工的农民工主要流向东部地区，尤其是珠三角和长三角，流向广东占比最高。2017年，跨省流动的农民工中前往东部沿海地区的占比最高，达到71.0%；其次为西部地区，占跨省流动农民工总量的24.9%（图5-9）。2017年，四川农民工最主要的就业地区依次为广东、浙江、重庆和福建。其中36.2%的跨省流动农民工在广州就业，占比最高（图5-10）。

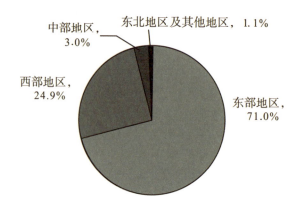

图 5-9　2017 年四川跨省流动农民工分布情况（1）

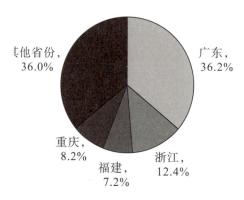

图 5-10　2017 年四川跨省流动农民工分布情况（2）

农民工就业以建筑业和制造业为主体，服务业从业占比逐年提高。外出农民工的就业行业分布情况如表5-1所示，最主要的就业行业依次为建筑业、制造业、居民服务及修理和其他服务业、住宿和餐饮业、批发和零售业。其中建筑业占比29.1%，制造业占比26.9%，是外出农民工从业人数最多的两个行业，但从事建筑业的人数在下降，从事制造业的人数在增加，总体来看从事第二产业的人数在持续下降。随着服务业的快速发展，从事第三产业的外出农民工比重进一步扩大到40.0%，同比提高2.1个百分点，第三产业的发展对劳动力需求增加明显。

表5-1 四川农民工行业分布情况

产业	2017年	2016年
第一产业	0.7%	0.5%
第二产业	59.3%	61.6%
其中：制造业	26.9%	25.6%
建筑业	29.1%	32.2%
第三产业	40.0%	37.9%
其中：批发和零售业	6.2%	5.8%
交通运输、仓储和邮政业	3.8%	3.8%
住宿和餐饮业	8.3%	7.6%
居民服务、修理和其他服务业	11.2%	11.3%
其他	10.5%	9.4%

农民工月收入稳步增长，省内外务工收入差距缩小。2017年，全年外出农民工月平均收入3721元，同比增长8.9%，收入低于全国农民工平均收入水平2.2个百分点，增幅快于全国农民工平均增幅2.4个百分点，与全国差距进一步缩小。从收入水平看，如图5-11所示，外出农民工月平均收入大多在3000元到5000元之间，3000元以上的群体比例进一步扩大，而月平均收入在3000以下的占26.9%，占比与上年相比有显著降低。省内务工农民工的月平均收入为3578元，同比增长9.9%；省外务工农民工的月平均收入为3801元，同比增长6.5%。省内务工收入增速高于省外务工，省内外务工收入差距逐渐缩小。

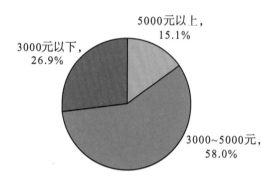

图 5-11　2017 年四川农民工月平均收入水平情况

高龄农民工占比逐年增加。2017年，青壮年农民工占比进一步下降，40岁以下的农民工占比为50.0%，50岁以上的农民工占比为19.3%，51至60岁的农民工占比增长最快，达到15.0%，同比上升2个百分点（图5-12）。

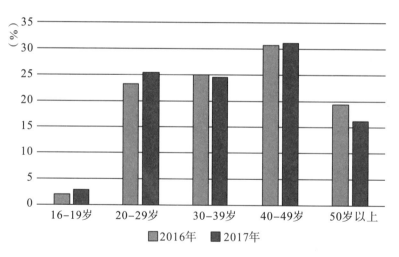

图 5-12　2016 年和 2017 年四川农民工年龄结构情况

外出农民工居住条件较低，流动性大。2017年农民工居住情况如图5-13所示，独租住房、合租住房和单位宿舍是农民工最主要的居住方式，共占64.1%，直接住在生产经营场所和工棚的农民工占到了15.6%；仅有1.4%的农民工在务工地有自购房。农民工具有一定的住房支付能力，但大部分农民工不具备承租公共租赁住房的资格，住房保障有效需求不足。总体上农民工的居住情况不具备稳定性，临时性住房情况较多，带有明显的暂住性质。2013年，四川在全国率先实施"农民工住房保障行动"，每年新建公租房30%定向供给农民工，截至2017年底，全省共向农民工提供公共租赁住房7万套，20多万农民工在城市得到基本住房保障。

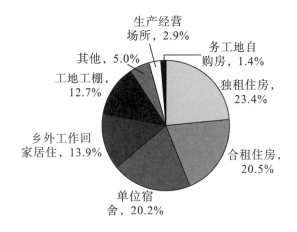

图5-13　2017年四川外出农民工居住情况

根据四川农民工基本情况，结合人口出生率变化、年龄结构现状、产业结构调整方向、城乡一体化的推进等多方面综合判断，未来农民工将出现三个变化。一是农民工数量将逐步趋于稳定，难以长期持续增长；二是农民工务工收入存在变数，难以肯定能保持持续增长；三是返乡农民工逐渐增多。

农民工城镇化难题

农民参与城镇化的主要路径可分为四个阶段——进城务工、进城买房定居、进城养老、户籍城镇化。进城务工意味着农民生产方式和家庭经济收入

非农化，这部分也就是我们所说的农民工群体；进城买房意味着农民工家庭社会生活方式的城镇化，是农民家庭扎根城市的标志性事件；进城养老意味着农民家庭完整地迁入城市；户籍城市化意味着农民家庭从制度身份上融入城市，脱离农村与土地，彻底完成城镇化[①]。

我们关注的农民工群体，仅仅完成了第一步的转化，即生产方式和家庭经济收入的非农化，要实现农民工家庭的彻底城镇化，还要解决其后三个阶段的问题。没有实现进城买房定居，就会产生农民工家庭长期分离的现象，就会导致留守儿童问题、农民工家庭婚姻破裂等问题；没有实现进城养老，就会产生空巢老人问题、农村老人养老困难等问题；没有实现户籍城镇化，容易导致农民工子女入学困难、无法享受完整的社会保障、遭到不公正待遇等问题，农村土地也难以得到充分高效的利用。

决定农民工是否选择城镇化的主要因素有三个——城市的预期收入、生活成本（包括住房、教育支出）、务农收入（包括土地收益）。当城市的预期收入减去生活成本后的节余稳定地高于务农收入，就会发生农村劳动力的转移，也就是农民工脱离土地，进城落户。农民工城镇化困难，归根结底是由于这三者出现问题，导致想城镇化的农民工不能城镇化、能够城镇化的农民工不想城镇化。根据这三个因素，我们总结出的主要原因是经济发展不平衡和制度不完善，以及农民工自身的问题，具体表现为以下六点。

一是农民工收入较低。2017年国家统计局四川调查总队监测调查显示，四川农民工有一半以上是初中及以下文化程度，高中及以上文化程度的农民工较少，接受过技能培训的农民工不到总量的6成。由于文化程度普遍较低，缺乏具有竞争力的劳动技能，外出务工大多局限于工作环境较恶劣的不规范单位，没有劳动合同和社会保障，难以适应经济结构及产业结构的转型

---

① 陈文琼，刘建平.《发展型半城市化的具体类型及其良性循环机制——中国农民进城过程的经验研究》，《城市问题》，2017年第6期.

升级，往往成为优先下岗的对象，最终导致收入低下，无法负担在城市的生活成本，加大了城镇化难度。

二是商品房价格增长过快。尤其是在工作机会较多的大城市，农民工务工收入涨幅难以跟上房价涨幅，导致农民工进城买房困难，而小城镇服务业不发达，工作机会较少，收入水平低，农民工缺乏流向小城镇的动力。过高的住房价格让绝大多数农民工只能临时性地居住在城市，形成了"打工在城市、养老回农村"的现象，住房已经成为农民工进城的最大难题。

三是企业用工不规范。农民工大多从事于准入条件较低的建筑业和制造业，以及一些不需要特殊技能的住宿餐饮等服务业，他们主要受雇于小微企业和个体户，企业管理不完善，农民工容易受到不公正对待，如不签订劳动合同、不交社保等，这直接导致农民工进城后也无法养老的问题。

四是"以土地换户籍"制度的障碍。现行的户籍制度要求农民在城市落户后自动从农村集体中退出，也就会失去土地，但是农民的承包地长期以来一直起着社会保障的作用，农民工将土地视为自己和子女最后的退路，不到万不得已绝对不会放弃，所以即便进城买房、进城养老，仍然有很大一部分人不愿意将户口从农村迁出落入城镇。这无疑加大了农民工彻底城镇化的难度。

五是农民工缺乏基本法律知识、维权意识、劳动权益保障意识。在城市面临自身权益难以保障的问题时，大多数的农民工选择忍气吞声自认倒霉，或者辞掉工作另谋出路。这些都导致农民工就业不稳定，流动性大，缺乏社会保障，使农民工更不敢退出土地进城落户。

六是农民工认为承包的土地具有较大的增值潜力，尤其是土地流转之后多了一份收入，虽然不多，但他们不愿放弃这份稳定可靠的收入来源。据2016年四川省统计局调查，有超过一半的受访农民工不愿将农村户口转为城

市户口[1]。

近些年来四川推动农民工城镇化取得了显著的效果，在户籍制度、社保制度、土地流转等方面都取得了极大突破，其他农民工城镇化的障碍也在逐步破除，农民工的生活质量、收入水平等都得到了稳步提高。当然，农民工城镇化不仅仅是经济问题，也是社会问题，目前大多数农民工无法较好地融入城市，也没有完全脱离土地，可能会因为各种原因而返回农村，实现农民工彻底城镇化的任务依然艰巨。

推进农民工城镇化举措

为贯彻落实国家推动1亿农村人口落户城镇的政策，推动四川农业转移人口及其他常住人口的户籍城镇化，四川于2017年4月出台了《四川省人民政府办公厅关于印发四川省推动农业转移人口和其他常住人口在城镇落户方案的通知》，提出优先解决进城时间长、就业能力强、能够适应城镇生产生活的非户籍人口的落户问题，尤其注重推进新生代农民工、持有居住证的进城务工者和失地农民举家进城落户。

在户籍制度改革方面，除成都外，四川全面放宽各市州农业转移人口落户条件，推进升学、参军、长期就业居住、举家迁入的农业转移人口落户城镇，包括失地农民、城中村居民、异地搬迁和新生代农民工等，促进能够在城镇稳定就业和生活的农民工举家进城落户。

在住房保障制度方面，四川为解决新市民住房需求问题，建立了租购并举的住房制度，将市场配置与政府保障相结合，扩大公租房对非本地城镇户籍常住人口的覆盖范围，将进城落户农民完全纳入城镇住房保障体系。

---

[1] 资料来源：《成都等9市农民工53.8%不愿"农转非"》，《农村经营管理》，2016年1月9日.

在医疗保险制度方面，进城落户农民可以接续城镇职工基本医疗保险和城乡居民基本医疗保险，享受平等待遇和异地就医服务，并对城乡居民基本医疗保险制度进行整合，实现城乡居民公平享受基本医疗保险待遇。

在养老保险制度方面，进城落户就业生活的农民，可在户籍所在地或就业地参加企业职工基本养老保险，享有养老保险待遇，进城落户农民与城镇居民享有的最低生活保障权利逐步同等化。

在子女教育方面，进城落户农民子女的义务教育纳入了公共财政保障范围，义务教育以流入地的公办学校为主，学前教育以公办幼儿园和普惠性民办幼儿园为主，为进城落户农民子女的转学升学提供便利，并确保他们在落户地报名参加高考。

针对农民工就业技能差等问题，四川组织了职业技能培训，提高农民工的在城镇稳定就业的能力，参加职业技能培训和新型学徒制培训的农民工还可享受培训补贴。

◎ **专栏 5-1 巴中促进农民工城镇化**[①]

让农民工进城买得起房

2016年5月，巴中市为促进房地产市场健康发展出台了"新房九条"，农民在巴中新建城区购房可享受每平方米400元的财政补贴，在老城区购房可享受每平方米200元的财政补贴，同时引导房地产企业适度让利。巴中农民工吴东购买的新房100平方米，总价为41万元，有了政府补贴和开发商让利，实付总价38万元，吴东首付只花了12万元。此外，金融机构也加入扶持队伍，70%的巴中农民工进城购房都会申请商业贷款。2016年前11月，全省共发放68.69亿元的"农民安家贷"贷款，总计28414笔，占全省农行个人购

---

① 罗之飏.《确保农民工进城购房，买得起留得下住得好》，《四川日报》，2017年1月3日.

房按揭贷款总量的17.4%。2016年前11月，巴中市当年新增商品房销售面积的75%属于农民工进城购房。

让农民工进城留得下

除成都外，四川省已全面放宽农民工落户限制，巴中结合实际完善了配套政策，确保进城购房的农民工在农村的各项权益不变。进城购房的农民工除了可享受财政补贴外，其农村土地承包经营权、宅基地及其上房屋使用权、集体资产收益分配权、林地经营权等"八权一股"权益继续保留。

为了让农民工能够在城市安居乐业，巴中市实施"农民工回引工程"，引导农民工返乡就业，通过多种方式如建立城外劳务基地、农民工服务站、农民工创业园、创业培训中心等对农民工开展创业培训和孵化。

三、就地就近城镇化

就地就近城镇化的必然选择

四川作为全国经济大省，城乡发展差异显著，区域发展不平衡不协调问题突出，正处于新型工业化和新型城镇化"双加速"的发展阶段。2018年末，全省常住人口城镇化率52.3%，要实现2020年城镇化率达到54%的目标[1]，四川还需要实现约150万农业人口向城镇转移。因此，"人到哪里去、做什么、靠什么留下来"等现实问题，就成为四川新型城镇化发展必须解决的问题。

改革开放以来，我国在发挥各地区比较优势的背景下通过市场的自主选

---

[1] 2016年《四川省人民政府关于深入推进新型城镇化建设的实施意见》.

择推动了中西部地区农业人口向沿海发达地区城镇跨省转移，形成了异地城镇化的客观结果。而近年来四川结合省情，提出了"就地就近城镇化"的特色道路。就地就近城镇化是指通过农业人口就地就近转移、就地就近市民化来推进城镇化，包括农业人口在县级及其以下的城镇就近转移，以及农业人口在本省、甚至在整个西部地区转移。

就地就近城镇化，使农民就近就业，提高了农民的实际收益，符合农民愿望。就地就近转移农村剩余劳动力，减少了农民工大规模跨省异地流动，降低农民工外出务工成本，缓解留守儿童、妇女和空巢老人等社会问题，避免农村出现大量撂荒土地，还可以缓解特大城市日益严重的缓解污染、交通拥挤等城市病。

就地就近城镇化，有利于国家经济均衡发展。农民就地就近进城务工和定居生活，能够带来大量生产生活需求，将带动房地产、建筑业、服务业和其他相关产业的发展，有效扩大内需，带动民间投资，推动经济平衡、持续、健康发展，也有助于四川的脱贫攻坚工作。

四川有5000多个乡镇，其中建制镇近2000个，占全国的十分之一，全省有近1000万人口在小城镇就业和生活[①]，小城镇还有极大的容纳余地支撑农业转移人口就近就地城镇化。因此，四川转变城镇化发展方式的重点，在于农民就地就近就业和发展小城镇。党的十八大以来，四川坚持大中小城市和小城镇的协调发展，承载力较强的宜居宜业宜商城镇不断涌现，形成了1个特大城市、5个大城市、8个中型城市、138个小城市和1904个小城镇组成的省域城镇体系，为省内农村转移人口提供了充足的空间载体。

---

① 资料来源：《把小城镇上升为战略任务来抓——深化四川"百镇建设行动"的思考》.

就地就近城镇化举措

四川作为西部欠发达地区，高度重视小城镇发展，多年来，陆续出台了《关于加快城镇化进程的意见》《关于实施经营城市战略的意见》《关于加快重点小城镇建设的若干的意见》等多项政策文件鼓励发展小城镇，制定并推行了一系列政策措施，引导农村剩余劳动力就地就近就业实现城镇化。

首先是加快户籍制度改革。为提高户籍人口城镇化水平，促进有能力在城镇稳定就业和生活的农民工家庭就地就近落户城镇，四川从2014年开始在全国率先全面开放了除成都外的大中小城市和小城镇的落户限制，在城镇有合法稳定住所（含租赁）的农民工家庭，可在当地申请登记常住户口[①]，并清理、废除不利于农村转移人口落户的限制条件，在尊重农民意愿的前提下对进城落户农民有偿退出"三权"展开试点工作，不以退出土地承包经营权、宅基地使用权、集体收益分配权作为农民进城落户的条件，加快推动农村转移人口就地就近落户，力争平均每年新增城镇居民100万人左右。

第二是优化四川城镇化布局形态。除了推进四大城市群建设和率先发展成都平原城市群之外，还将重点县城的发展列为重点。四川开展"宜居县城建设行动"，加快重点县城发展及其基础设施、公用设施和公共服务建设，以产城互动的方式依托产业园区特色产业壮大县域经济，以此带动农村人口就近就业[②]。

第三是深化"百镇建设行动"，强化小城镇发展。从2013年到2015年，每年选取100个基础好、潜力大、优势明显的小城镇进行重点培育，在强化产业支撑的基础上，打造不同风格的特色镇，完善小城镇基础设施和医疗教育等公共服务，创设"宜人宜居宜业"的社会服务环境。在试点镇的选取

---

① 2014年《四川省进一步推进户籍制度改革实施方案》.
② 2016年《四川省人民政府关于深入推进新型城镇化建设的实施意见》.

上注重合理空间布局，将300个试点镇中的96%安排在四大城市群内，并注重镇村联动，推动基础设施和公共服务向农村延伸、覆盖，带动美丽乡村建设，推动农民增收致富。2017年四川进一步提出将百镇建设试点镇拓展至600个，其中培育100个特色镇，并选取10个经济发达镇进行扩权赋能的新型行政管理体制改革①，稳步推动农村转移人口就近就地城镇化。

第四是推进易地扶贫搬迁。以秦巴山区、乌蒙山区、大小凉山彝区、高原藏区的数十个贫困县为重点区域，因地制宜做好规划，在县城、小城镇或产业园区附近建设安置小区，在尊重农民意愿的基础上推进转移就业贫困人口在城镇落户，并解决了搬迁农民家庭的医疗、教育等问题，将安置区的产业发展与农民就业创业结合起来，确保搬迁农民就业有保障、生活有提高、居住有改善。

小城镇成为吸纳农民城镇化的主体

截至2016年末，累计78.6万农业人口进入300个试点小城镇就业生活，带动全省小城镇吸纳152万农业人口，平均每年为全省城镇化率的提高贡献0.62个百分点。300个试点小城镇的地区生产总值和地方财政收入年均增长21.4%和24.8%，远远高于全省11.6%和13.7%的平均增速，共建成802个幸福美丽新村，带动农民人均纯收入增加3907元，增速达到13.9%，高于全省11%的平均增速②。在基础设施方面，300个镇公路通达率达到100%，城镇供水普及率达到84.6%，燃气普及率为52.5%，垃圾处理率超过90%，累计完成基础设施投资645.5亿元，有的小城镇已经初步具备成为小城市的规模条件。

---

① 2017年《四川省人民政府关于深化拓展"百镇建设行动"、培育创建特色镇的意见》.
② 资料来源：四川省住房和城乡建设厅.《实施"百镇建设行动"引导农民就地就近城镇化》.

2017年，全省评定42个省级特色小镇，其中20个镇被国家认定为"中国特色小镇"，数量位列中西部省份之首，2017年300个小城镇完成基础设施投资255.7亿元，就地就近吸纳农村转移人口25.6万人，小城镇体建设发展呈现良好态势。

目前，小城镇已经成为吸纳农村转移人口的主要载体，四川通过科学规划提升小城镇质量，通过产业聚集促进小城镇人口集聚，不断优化环境以提升小城镇发展持续动力，为县域经济的壮大发展打下坚实基础，真正走出一条以人为本的城镇化之路。

◎专栏 5-2 南充促进就地就近城镇化①

南充阆中市天宫乡人向盛在大学毕业后进入了北京的一家建筑公司从事建筑业施工工作，生活单调枯燥。2013年9月，阆中古城升级为国家5A级旅游景区，游客纷纷慕名而来。听到这个消息的向盛辞掉了工作，毅然选择回乡创业。

促使向盛下定回乡决心的正是阆中古城旅游业的蓬勃发展带来的创业机会。2015年1月6日，向盛在天宫乡办起了向家院子农家乐，虽然在工作上投入了更多时间和精力，但收入也在不断增加，生活也变得丰富起来。

不断完善的家乡政策让向盛感到自己回乡创业的决心没有被辜负。"去年乡政府还补贴了我农场两年的土地流转费。"向盛说。除了农家乐外，他还从家乡流转了十几亩土地，打算将来建成集养生、休闲、娱乐为一体的原生态农家乐产业链。

向盛就业生活转变的背后，是四川通过产业发展来提高城镇就业吸纳能力的思路。为促进就地就近城镇化，四川大力发展绿色产业和现代服务业，

---

① 罗琴.《就地就近城镇化 回乡创业尝甜头》,《华西都市报》,2016年8月24日.

不断增加发展动力，加快产业结构调整速度，不断推动文旅融合发展，有力支撑了新型城镇化推进。

四、城乡一体化

城乡一体化的经验和模式

在城镇化持续推进过程中，四川也和全国其他地区一样，出现了城乡二元结构的现象。所谓城乡二元结构，是指进行社会化生产的现代城市经济与进行小农生产的传统农村经济并存的现象。这表现为在生产方式、就业待遇、收入和消费水平、基础设施、公共服务、社会保障、市场体系等方面，城乡发展不平衡，差异较大，有些地区甚至出现了城乡分割现象。由此导致的"三农"问题也迟迟得不到解决，成为制约经济社会全面发展的重要障碍。

党的十六大指出，统筹城乡经济社会发展，建设现代化农业，发展农村经济，增加农民收入，是全面建设小康社会的重大任务。其主要目的在于解决"三农"问题，消除城乡二元经济结构。党的十六届三中全会明确提出了城乡统筹发展战略。党的十八大进一步指出，城乡发展一体化是解决"三农"问题的根本途径。在此基础上，党的十九大提出要建立健全城乡融合发展体制机制和政策体系，促使城乡在经济社会发展多方面的无差别化。

为了破除城乡二元结构障碍，让农村居民和城市居民享有平等的权利、均等化的公共服务和同质化的生活条件，2003年四川以成都为试点，将城乡一体化正式作为重大战略部署在成都全面推进。2007年，国务院批准在成都设立全国城乡统筹综合配套改革试验区，四川以此为契机，在全省开展统筹

城乡综合配套改革梯度试点，在德阳、广元、自贡等市县的改革试验取得了良好的成果。

经过长期摸索和艰苦改革，统筹城乡发展机制体制取得重大突破，四川积极推广成都经验，制定了一系列制度安排，创新体制机制，促进生产要素在城乡之间自由流动，推动城镇基础设施向农村延伸，推进公共服务向农村覆盖，有力地推进了新型城镇化进程和新农村建设步伐，努力从城乡统筹发展走向城乡一体化。四川全面推进统筹城乡发展，探索出一条符合省情的城乡统筹发展道路。四川省社会科学院副院长郭晓鸣对四川统筹城乡发展、实现城乡一体化发展路径总结出以下几个方面的特色。

一是城乡规划一体化。着眼于城乡经济、社会、自然和人的协调发展，明确区分功能定位和产业发展重点，编制城乡产业发展、土地利用、基础设施、社会事业发展、生态环境保护等专项规划，各类规划要统筹布局、有机衔接，并建立统筹城乡的规划管理体制和监督体制。通过城乡规划一体化，有效促进城乡资源优化配置、城乡产业优势互补、城乡人口有序流动。

二是城乡产业发展一体化。一是通过工业向园区集中形成规模效应集聚发展，提高生产效率和土地集约化利用程度；二是通过在城镇大力发展有利于农民就业的生产型服务业和生活型服务业，加强基础设施建设，促进了农民向城镇集中，改善了农民的生活环境；三是通过建立和完善土地流转机制，推动土地向种养大户集中，初步实现了土地的适度规模经营，加快了现代农业的发展。通过"三个集中"，推进了新型工业化、新型城镇化和农业现代化发展，实现了一、二、三次产业互动，稳步推进城乡产业一体化。

三是公共服务一体化。建立在政府主导下的公共产品服务市场化机制，并在财政支出上、资源配置上重点倾斜，推动城市优势公共资源向农村延伸，加快农村基础设施建设，改善农村环境和农民生产生活条件，在教育、文化、卫生、社会保障等方面，努力实现城乡均衡化发展。通过运用"看得见的手"来整合政府和市场资源，促进了城乡居民共享改革发展成果。

四是市场体制一体化。首先，改革城乡分割的户籍制度，促进劳动力市场的城乡一体化，同时构建城乡统筹的社会保障体系，并以产业集中区为载体，促进农村劳动力向工业和城镇流动。其次，创新投融资方式，搭建具有政府背景的投融资平台，引导社会资金参与现代农业发展和城乡建设；积极发展新型农村金融组织如村镇银行、贷款公司和资金互助社等，吸引社会资金向农村流动。最后，推进农村土地市场化改革，支持和培育多样化的农村市场经济主体，发展农民专业合作组织，引导龙头企业参与现代农业产业基地建设，促进城乡要素流动。

五是管理体制一体化。为提高行政效率，建立规范型服务型政府，通过实施大部门制、大力简化和规范行政审批、全面推行并联审批、积极采取"一个窗口对外、一条龙服务"的模式等，有效解决了政府管理缺位、越位和不到位的问题，提升了公共服务的质量和水平。同时，实施乡镇、行政村区划调整和管理体制改革，从体制机制上解决城乡管理权的分割，初步形成了城乡一体、高效运转的管理体制。

城乡一体化推进解决"三农"问题

"三农"问题是指农村、农业、农民这三大问题，也是这三方面三位一体的问题，是农业文明向工业文明过度的必然产物。在处于发展中国家的中国，尤其是四川这样一个传统农业大省，"三农"问题呈现出问题规模大、负面效应大、解决难度大的特点。

"三农"问题之所以难以解决，是因为在中国现行的农村土地制度下，农业难以实现机械化、规模化生产，导致农业产量低、农民收入低，进而导致农村缺乏基本的公共服务和社会保障等问题，与城市的发展差距

逐步扩大。

　　"三农"问题的根源在于长期形成的城乡二元结构，突出表现在城乡分割的户籍制度、随户籍捆绑的公共服务制度和不明晰的农民财产权利。党的十八届三中全会中指出，城乡发展一体化是解决"三农"问题的根本途径。因此，解决"三农"问题的突破口和落脚点，就是要破除体制分割，走城乡一体、融合发展的道路，让农村富余劳动力有序流向城镇和第二、第三产业，在此基础上大力推动现代农业发展，改善农村环境和农民生产生活条件。为此，四川加快推进户籍制度改革和农村土地制度改革，促进农民工的市民化，实现城乡规划、产业布局、基础设施建设、公共服务一体化。

　　在农村方面，政府发挥主导作用，建设、完善各类基础设施，促进城乡公共服务均衡配置。兴建基础设施需要大量的资金支持，而农村又属于欠发达地区，财政紧张，资金从哪里来呢？四川采用了"以城哺乡"的办法，利用"增减挂钩"政策，以国土交易中心为平台统一进行土地挂钩交易，获得资金进行农村建设用地投资。增减挂钩政策就是农村建设用地和城市建设用地挂钩，如果农村的建设用地收缩一亩，城市的建设用地就扩大一亩。首先国土交易中心作为中间人先将资金出借给农村集体，农村集体腾出土地后把指标交给国土交易中心，然后国土交易中心用指标跟城市高价建设用地进行交换，获得巨额资金，再将这些资金用于对农村建设用地的投资，包括建设农村基础设施、农村公用设施、完善农村生活服务设施等等，最后推动了城乡公共服务均等化发展。

　　在农业方面，要提升农作物产量、降低农业生产成本，必须进行规模化经营。为此四川启动农村土地制度改革，推动农村土地市场化流转，搭建农村集体土地交易平台，成立多样化的农业生产合作组织。将农村零散的土地整合起来，交给农业专业生产组织经营，实现了适度的规模经营，提高了产量，降低了成本，也提升了农业生产效率，推动了现代农业发展。把土地流转出去的农民也获得了稳定的租金及分红，从传统农业生产中释放出来后，他们既可以选择进城就业，也可以选择留在农村转变成职业农民以获取工资收入。耕地不至于撂荒，土地得到精细化管理，粮食产量得到保障，农业实现现代化发展，土地流转一举多得，在四川取得了良好的效果。

在农民方面，与城市居民收入水平差距较大的问题一直是个老大难。要提高农民收入水平，一条可行的办法是让农民脱离传统的农业生产，进入高效率的城市生产部门，因此要加速推进城镇化发展，引导农业人口有序向城镇转移。四川首先在中心城市、区县政府所在地、重点镇以及集中居住点大力发展有利于农民就业的生产型服务业和生活型服务业，以丰富的就业岗位吸引农民进入城镇，提高了农民的收入水平。但现行的户籍制度存在人口流动障碍，没有获得城市户口的农村居民无法享受城市社保，他们随时可能因此而返回农村，为了解决这个问题，四川全省启动了户籍制度改革，将农业户口和非农业户口统一登记为居民户口，取消了原先农业户口需经"农转非"才能迁入城镇的规定，并在2013年全面放开了除成都外的大中小城市、小城镇的落户限制，率先推动已经脱离农业生产的农村居民进城落户；同时，四川不断完善城乡社会保障制度，相继出台了一系列如新农合等社保办法保障农民权益，农村居民社保体系不断完善，实现了"高水平、广覆盖"，城乡社保制度正逐步实现一体化发展。

随着四川统筹城乡发展以来，四川城乡收入不平衡的状况得到了改善。如图5-14、图5-15所示，虽然城镇人均可支配收入水平显著高于农村，但农村人均可支配收入水平增速却快于城镇，城乡人均可支配收入比例从2010年的3.04∶1调整到2018年的2.49∶1，而2018年全国城乡人均可支配收入比例为2.69∶1，四川城乡收入不平衡程度大大低于全国平均水平。虽然城乡人均可支配收入绝对差距在扩大，但扩大的趋势在逐年减缓，农村人均可支配收入增速稳定高于城市，在不久的将来就能见到四川城乡差距逐年缩小的态势。

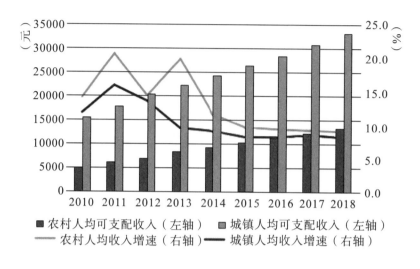

图 5-14　2010—2018 年四川城乡人均可支配收入比较（1）

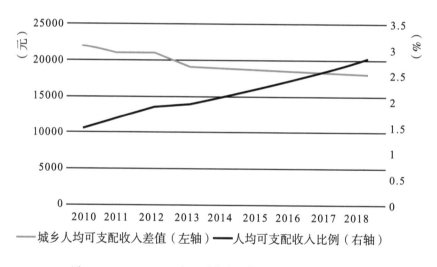

图 5-15　2010—2018 年四川城乡人均可支配收入比较（2）

目前，农村土地产权制度、社会保障制度、户籍制度、社会管理和投融资体制等系列改革正向纵深推进，促进了人力、土地、资金等要素在城乡间自由流动，四川城乡一体化发展也在逐步完善，不断推动"三农"问题早日解决。"十三五"时期，四川将改造农村危房旧房170万户，公路通村率达到100%，农村自来水普及率达到75%，农村九年义务教育巩固率达到95%，农村学前教育三年毛入学率达到80%，新型农村合作医疗参合率95%以上，随着一系列目标的实现，四川城镇化发展"城乡一体化"的局面将全面建成。

自贡：增减挂钩的城乡一体化实践

自贡位于四川东南部的丘陵地带，总人口325万，作为老工业城市，发展面临尴尬境地，城市想发展没有用地指标，农村想发展没有资金投入。如何让两者互利互惠、共同发展？自贡采取了增减挂钩的办法。

2013年自贡获国土资源部批准，成为深化城乡建设用地增减挂钩改革试点市。在试点政策支持下，自贡打破了行政区域限制，在全市范围内设定荣县、富顺县和中心城区3个试点"项目区"。采取"先建新拆旧、后立项验收"的方式实施试点项目，挂钩周转指标可以先用后还，可以在"项目区"内交易，也可以调整区域使用。这"3个可以"让周转指标"活"了起来。

根据自贡相关试点政策，农民自愿有偿退出宅基地，可以享受每亩16万元～20万元的货币安置补助；选择集中居住区安置的农民，可以享受政策规定的拆旧补偿和不低于人均50平方米的综合用地在集中居住区建房。比如，选择货币安置的贡井区龙潭镇农民熊和忠，他家的老宅是土木结构，占地0.5亩，按照标准可获得8万元补偿，再加1万元的养老保险，总共得到9万元安置补助。而选择集中安置的沿滩区富全镇的李大爷，在集中居住区选了一套160平方米的房子，除去老宅基地得到的16万元补偿款，自己只需出3.2万元就能住上新房。同时，李大爷一家还可以到"万亩有机大米园"打工，每年能有3万元左右的收入。

深化增减挂钩试点的政策改善了农民生活，农民申请退出宅基地的积极

性很高。到2016年末，富全镇已有1374户、5700余人申请自愿有偿退出宅基地，预计复垦耕地2300亩，节余挂钩周转指标1400亩。

深化增减挂钩改革试点，不仅为城市发展拓展了建设用地空间，也促进了农村特色产业发展、农村面貌改善，以及农民财产性收入增加。自流井区仲权镇从2014年实施改革试点以来，全镇复垦了71公顷宅基地，其中6.7公顷用于建设农民集中居住区，3.6公顷用于货币化安置预留用地，60.5公顷用于出让，0.14公顷复垦为新增耕地。土地出让收益的使用一部分用于项目区公共设施的建设，一部分用于房屋拆除、宅基地复垦，以及弥补建设集中居住区的资金缺口等。该镇不仅集中安置了农村163户、745人，还实现了耕地数量和建设用地指标的"双增长"。而沿滩区富全镇将宅基地复垦为耕地，将小块土地集中连片，乡村道路通到每家每户、田间地头，大大提高了土地利用率，改善了生产生活条件。该镇实施的两个深化增减挂钩试点项目，复垦耕地1500亩，通过土地流转建立了万亩有机大米示范基地，解决了2400余人就业，农民人均增收300余元，产出的有机大米能卖到20元/斤，全镇有机大米年产值达2.4亿元。

自贡摸索出一条农业现代化与新型城镇化良性互动的新路子，实现了农业增效、农村增色、农民增收、城乡统筹发展的综合效益，改革红利已经显现。通过深化城乡建设用地增减挂钩改革试点，自贡将实现农业现代化与新型城镇化更好的统筹发展，并释放出改革强大的经济效益、社会效益和生态效益。

五、前景展望

困难和挑战

◎ "半城市化"存在潜在风险

户籍、土地、社会保障和公共服务等一系列城乡差异化制度安排，使得我国出现了较为严重的半城市化问题，大量已经在城市长期居住和就业的居民无法获取当地户籍身份，也无法同城市居民享有均等化的公共服务，这些居民包括农民工、外来经商务工人员、在本地工作但户籍不在本地的大学毕业生等，表现为常住人口城镇化率高于户籍人口城镇化率的现象。随着人口流动，2005—2015年四川常住人口城镇化率与户籍人口城镇化率的差距持续扩大，半城市化人口总量也持续上升，2015年末，全省差距达到17.1%（图5-16），城镇常住人口与城镇户籍人口相差1127万人。2018年末，全省城镇常住人口与城镇户籍人口差距缩小为1090万人（图5-17），超过全省城镇常住人口的四分之一。

半城市化现象在省内也表现出了地区差异性。以2018年全省平均差距16.4%为分界，可将各市州分为两类（图5-18）。低于平均值的包括两类城市，一是城镇化水平较高的成都平原城市群大部分区域及攀枝花，二是城镇化水平较低的甘孜、阿坝、巴中等地区；高于平均值的主要是城镇化水平处于中游的正在加速发展的区域，如遂宁、内江、德阳等地。

四川城镇常住人口、城镇户籍人口及两者值

图 5-16 四川常住人口城镇化率和户籍人口城镇化率比较

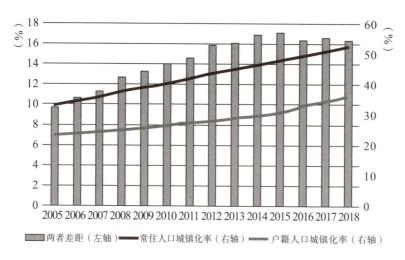

图 5-17 四川户籍人口和常住人口规模比较

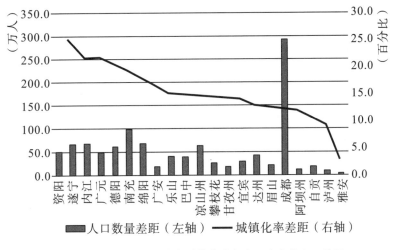

图 5-18 2018 年四川地市州城镇常住人口和户籍人口差距

虽然"两化互动"、统筹城乡总体发展战略实施以来,全省城乡统筹水平得到了显著提升,但是城乡户籍、土地、社会保障等制度对人口城镇化的影响作用还难以消除,在城镇化水平提升的同时,半城市化状态的人口规模也在扩大。作为半城市化主体的农民工、外来经商务工人员的频繁流动,无疑加大了四川城镇化的难度,这种非稳态转移也将成为影响社会稳定和工业化水平提升的潜在风险。

◎ **民族地区城镇化面临复杂局面**

民族地区是四川推进新型城镇化的薄弱环节。四川拥有甘孜、阿坝、凉山三个少数民族自治州,多种原因导致了三州一直以来都是全省城镇化水平最低的三个地区。

在自然条件方面,甘孜、阿坝、凉山三州位于青藏高原向成都平原的过渡地带,沟壑纵横,多山地而少平原,地形落差变化大,是地质灾害多发区,城镇建设受到地形地质条件的限制;三州地区生物多样性和生态脆弱性并存,是全国主要石漠化地区之一,因此城镇化建设必须注重生态环境保护

和绿色低碳发展。

　　在经济要素方面，民族地区地理位置和交通条件不利于大规模的产业发展，工业化水平较低，是全省经济发展最薄弱地区。2018年四川省民族地区生产总值为2131亿元，仅占全省生产总值的3.8%，增速仅为4.6%，三次产业结构为19.8：41.0：39.1，全面落后四川平均水平[①]。截至2018年初，三州国家级贫困县总计19个，占全省国家级贫困县总量的一半，大部分少数民族贫困人员处于半工半农的生产状态，以务农、养殖为主，缺乏就业技能，或者因患病而无法承担体力劳动。较差的经济基础严重影响了少数民族地区的城镇化进程。

　　在文化意识方面，民族地区由于长期贫困，思想意识较为落后，文化教育水平远远低于其他地区，落后的文化教育水平和较差的自然条件，导致不少地区风俗习惯独特，法治观念淡漠，城镇化发展缺少相应的社会文化环境，推动难度大。

　　在基础设施方面，高等级公路、高速公路通车里程短，道路等级低，许多边远村寨和牧区没有公路，交通闭塞，通信设施落后，不少少数民族聚居于偏远山区，这不仅给城镇化发展带来了极大困难，也造成了电力紧缺、水利设施建设滞后、安全饮水保障不足、卫生条件差、传染病容易扩散等问题。除了不利自然条件的影响，当地政府财政困难也是基础设施建设困难的主要原因。这样的基础设施条件还不足以支撑城镇化快速发展。

　　近年来四川针对民族地区推行了一系列民生工程及各项民生大事实施方案，涉及住房、就业、教育、卫生、文化等经济社会发展各个方面，结合民族地区脱贫攻坚取得了显著效果，有力地促进了基础设施的建设，提高了人民生活水平，缓解了区域发展不平衡的趋势，也为城镇化加速发展创造了一

---

① 　资料来源：《四川统计年鉴2019》.

定的基础条件，但少数民族地区经济社会发展落后的现状并没有得到根本性改变。生态环境脆弱，产业发展困难，专业人才紧缺，公共服务水平低下，交通条件不便，文化观念落后，这些仍然是城镇化发展的重重障碍。如何在众多的限制因素之下推进民族地区的城镇化发展，是四川政府不得不面对的一大挑战。

◎**经济发展滞后与加速城镇化的矛盾**

目前，四川的工业化、城镇化水平落后于全国平均水平，四川仍然需要保持一个较高的经济增长和城镇化速度，同时，四川在总体经济发展水平落后于东部发达地区的情况下，随着全国经济发展同步进入了新时代。因此，四川的城镇化发展也面临一些新的挑战。

第一，四川加速城镇化可能面临就业压力。四川作为农村人口流出大省，受东部地区经济发展形势影响，农村人口出现了明显的回流现象。如何吸引回乡农民工在城镇就业，是四川加速城镇化的关键。四川农民工就业以建筑业和制造业为主，服务业也占据很大比例，但在去杠杆背景下，与建筑业和制造业密切相关的固定资产投资缺乏大规模增长条件，从2013年开始，四川的固定资产投资增速便逐渐下降，省内第二产业用工需求增长缓慢，难以吸纳大规模回流的务工人员。四川第二产业占GDP比重在2011年达到峰值后开始下降，第三产业占比逐年提升（图5-19），就业结构中第三产业吸纳劳动力能力显著高于第二产业（图5-20），所以，四川主要依靠以服务业为主的第三产业来确保就业，以此推动城镇化进程。但是，四川产业结构矛盾突出，第三产业占GDP比重比全国平均水平低近2个百分点，服务业在短期创造大规模就业岗位的能力有限，新型城镇化可能面临较大就业压力。

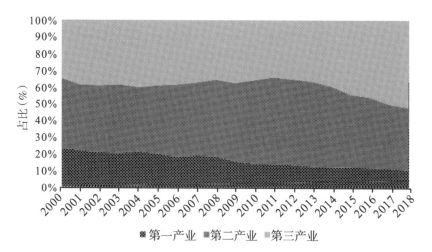

图 5-19 2000 年以来四川产业结构变化情况

资料来源：《四川统计年鉴 2019》

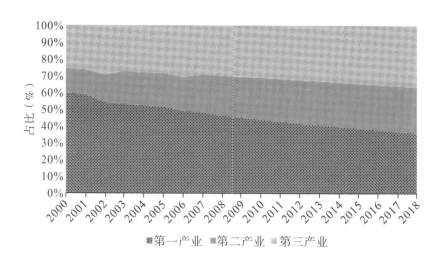

图 5-20 2000 年以来四川三产就业结构变化情况

资料来源：《四川统计年鉴 2019》

第二，四川城镇化可持续发展与资金供给模式单一的矛盾突出。
"十三五"期间，四川将有800万人农村转移人口落户城镇，需要进行500万
人居住的城镇危房旧房改造和棚改工程，以及增加的教育、医疗、社会保障
等公共服务，这都需要大量的资金支持。但是，四川的城市化建设资金供给
模式较为单一，难以支撑巨量的城镇化资金需求。2018年四川地方债务余额
达到9299亿元，呈现扩大趋势，其中县级债务超过总债务余额六成。因此，
四川亟须探索多元化的城镇化融资模式。

第三，四川城镇化面临较大的资源环境约束压力。首先是土地资源约
束，四川耕地面积逐年减少，人均耕地面积仅为全国水平的一半，在城镇
化进程中人地矛盾尖锐，保护耕地与建设用地矛盾突出。其次是环境承载力
约束，四川高耗能产业占比高，环境污染影响城市人居环境等一系列问题凸
显。持续增强的资源环境约束是四川城镇化可持续发展需要克服的难题。

规划和前景

◎ 新型城镇化的决策部署

党的十八大以来，国家对深入推进城新型城镇化建设做出了一系列重
大决策部署，为新型城镇化发展指明了方向。四川贯彻落实国家层面的一系
列决策部署，把推进城镇化作为全局性、战略性工作来抓，走出了一条形态
适宜、产城融合、城乡一体、集约高效的新型城镇化道路。2015年，四川出
台《四川省新型城镇化规划（2014—2016）》，转变城镇化思路，提出新型
城镇化基本原则和发展目标，明确七大主要任务和几项重点工作。2016年，
四川出台《关于深入推进新型城镇化建设的实施意见》，提出在坚持绿色发
展、补齐短板、联动推进的基础上深入推进新型城镇化，2017年，四川出台
《关于深化拓展"百镇建设行动"培育创建特色镇的意见》，提出将百镇建

设试点镇拓展至600个，其中培育100个特色镇，并选取10个经济发达镇进行扩权赋能的新型行政管理体制改革。四川还提出做实验配套设施、做深产业发展、创新发展理念和坚持统筹推进等四大任务。2017年，四川省绿化委员会、四川省林业厅印发《四川省森林城市群发展规划（2017—2020年）》，提出建设四川森林城市群，四川省新型城镇化建设将绿色发展和生态文明建设真正落实到行动上。

◎四川城镇化迈入新时代

面对一系列四川城镇化可持续发展新挑战，在习近平新时代中国特色社会主义思想指导下，四川新型城镇化发展站上新起点，迈入新时代，四川将以全面提高城镇化质量为核心，以落实国家"三个1亿人"城镇化工作部署为切入点，扎实推进以人为本的新型城镇化道路。

一是在教育、卫生、社保、就业方面有序推进农村转移人口城镇化。为促进农村转移人口落户城镇，在全面开放除成都外的城镇落户限制后，对不利于农村转移人口落户城镇的限制条件要逐步清理并废除；统筹推进农村转移人口和市民的基本公共服务均等化，力争到2020年，农村转移人口随迁适龄子女均能在城镇接受义务教育；为农村转移人口提供均等化的公共卫生和基本医疗服务，城乡居民电子健康档案规范化建档率将达到90%以上；推进基本养老和基本医疗保险制度城乡一体化，城镇社保体系将纳入农村转移人口参加的医疗保险和养老保险，城镇常住人口基本养老保险覆盖率将达到90%以上，基本医疗保险覆盖率将达到98%以上。

二是增强城镇吸纳就业能力，优化城镇产业结构，促进产城融合发展。城镇的产业发展必须能够支撑农村转移人口的就业，否则就会出现失业甚至返回农村等现象，而服务业对劳动力的吸纳能力巨大，因此，四川提出在加快调整工业结构的同时，大力发展服务业，充分发挥服务业在调整产业结构、扩大社会就业中的重要作用①。2018年四川第三产业产值比重低于全国平均水平0.8个百分点，第三产业就业人口比重低于全国平均水平9.4个百分点②，以服务业为主体的第三产业未来发展空间巨大。在服务业发展方面，四川在优先发展现代物流、现代金融、研发设计、信息服务等生产性服务业的基础上，促进制造业与服务业融合发展，加快发展商贸、旅游、餐饮、文化、体育、家政和社区等生活性服务业，为农村转移人口提供丰富的就业机会；在产业布局方面，统筹规划管理各类园区的产业功能、服务功能和居住功能，引导产业向园区集中、园区向城镇集中，以产业集聚带动人口集聚，促进产业布局与四大城市群和城镇体系协调发展，增强城镇吸纳就业能力；同时加强农村转移人口职业技能培训，扩大培训覆盖面，完善城乡一体公共创业就业服务体系，增强农村转移人口在城镇的就业能力。

三是在城乡规划、要素市场、基础设施与公共服务方面推动城乡发展一体化。在总结过去城乡统筹经验的基础上，破除制度壁垒，促进劳动力、土地、资金等各类资源要素在城乡间自由流动，推动实现城乡一体化。加强城乡空间统筹，以县（市）域全域规划强化"多规合一"，实现一个县（市）一张蓝图干到底；加快建立城乡统一的劳动力市场，完善城乡劳动者平等就业、同工同酬等制度；建立城乡统一的建设用地市场，落实农村土地确权颁证，保护农民利益，使农民能公平分享土地增值收益；统筹城乡基础设施建设，推进基础设施向农村覆盖，强化城乡基础设施连接，推动城乡联网的水电路气和信息通信等基础设施建设；促进公共服务向农村覆盖，建设村级公共服务中心，推进城乡基本公共服务均等化。

四是促进大中小城市和小城镇协调发展。在推动成都转型发展、大力发展区域中心城市的同时，做优做强县城，加快小城镇的发展，促进城镇体系

---

① 资料来源：《四川省新型城镇化规划（2014—2020年）》.
② 资料来源：《中国统计年鉴2019》《四川统计年鉴2019》.

建设协调，增强对城镇化的带动作用。将宜居放在首位，围绕四大城市群，培育一批基础条件好、人口规模较大、资源环境承载能力强的县城，充分支撑城市群高质量发展；抓好"百镇建设行动"，带动全省小城镇健康发展，充分发挥小城镇以工促农、以城带乡的节点作用；强化小城镇与中心城市的协调配合，逐步发展成为卫星城镇。

主要参考文献

【1】张霞，王芳.四川省城镇化发展测度和前景展望［M］//侯水平，陈炜，郭晓鸣，等.四川城镇化发展报告（2018）.北京：社会科学文献出版社，2018.

【2】陈映.四川省新型城镇化建设研究［M］//杨钢，达捷，陈映.2016年四川经济形势分析与预测.北京：社会科学文献出版社，2016.

【3】罗鹏.四川农民工就业"回流"现象明显［J］.四川省情，2018（3）.

【4】陈文琼，刘建平.发展型半城市化的具体类型及其良性循环机制——中国农民进城过程的经验研究［J］.城市问题，2017（6）.

【5】四川省住房和城乡建设厅.实施"百镇建设行动"引导农民就地就近城镇化［J］.小城镇建设，2016（11）.

【6】何健.就地就近城镇化的四川实践与探索［J］.中国建设报，2016（9）.

【7】高洁.四川人口城镇化特征及对策研究［M］//杨钢.2017年四川经济形势分析与对策.北京：社会科学文献出版社，2017.

【8】夏兴元.四川省民族地区经济社会发展研究［M］//杨钢.2017年四川经济形势分析与预测.北京：社会科学文献出版社，2017.

第 六 章

开放合作：城市舞台的延伸

四川城市读本

改革开放以来，四川城市积极推动对外开放，扩大区域合作，集聚全球资源要素，开辟发展空间，为四川城市经济发展、城市形象塑造、城市品质提升提供了强大的动能和坚持支撑，推动了四川城市日新月异的进步，延伸了四川城市领舞西部的舞台。

总的来说，四川各级城市主要从七个方面推进开放合作，即：发展对外贸易促进经济增长、吸引外来资金促进产业发展、推动会展经济展现城市友好形象、推进区域合作扩充城市发展空间、广泛结交国际友好城市扩大朋友圈、拓展开放载体提高城市开放水平和破解交通难题搭建开放通道。

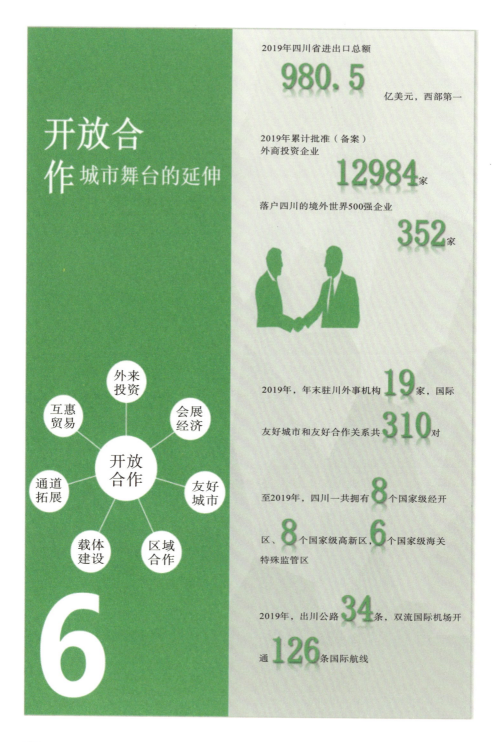

开放合
作 城市舞台的延伸

外来投资
互惠贸易
会展经济
通道拓展
开放合作
友好城市
载体建设
区域合作

6

2019年四川省进出口总额

980.5

亿美元，西部第一

2019年累计批准（备案）
外商投资企业

12984 家

落户四川的境外世界500强企业

352 家

2019年，年末驻川外事机构 19 家，国际

友好城市和友好合作关系共 310 对

至2019年，四川一共拥有 8 个国家级经开

区、 8 个国家级高新区 6 个国家级海关
特殊监管区

2019年，出川公路 34 条，双流国际机场开

通 126 条国际航线

一、互惠贸易，促进四川城市经济快速发展

对外贸易与经济增长之间的关系，是一个古老的经济学问题，长期以来受到了学者们的关注。学者们普遍认为，对外贸易一方面可以扩大本国市场，为产品扩宽销售区域；另一方面可以进口本国缺乏的技术和原材料，加工成高附加值产品出口，从而提升本国经济结构和产品价值。改革开放以来，四川一直致力于外向型经济的发展，尤其是对外贸易迅猛扩张，促使四川城市经济快速地融入了全球经济循环之中，对四川城市经济的增长和城市竞争力的提升产生了重要的影响。对外贸易的快速发展，一方面扩大了四川产品和服务的市场范围；另一方面，降低了关键技术和零部件的进口成本，从而为城市经济质量的提升提供了强大动力。

外贸规模增长迅速，外向型经济特征日益明显

从1978年开始至2019年的41年间，四川对外贸易发展与中国改革开放的进程一致，经历了一个从无到有，从小到大的发展过程（图6-1）。1978年全省商品进出口总额只有4067万美元，外贸依存度①只有0.37%。

1998年以后，四川外贸发展迅猛增长，1998—2019年的21年间，四川商品进出口总额从23.92亿美元上升到了899.4亿美元，平均每年增长41.69亿美元以上；外贸依存度日益增加，从1998年的5.53%上升到2019年的14.51%，使得四川的对外贸易发展居于西部各省市首位。

---

① 外贸依存度，指的是一个区域的商品进出口总额占GDP的比重。

图 6-1　1978—2019 年四川对外贸易情况

　　四川各市积极利用国家进一步扩大对外开放的战略，努力发展外向型经济，在利用对外贸易增长，促进城市经济发展中卓有成效。

　　近年来，广安市积极推动对外贸易发展，在18个城市中脱颖而出。2010年广安的商品进出口总额仅仅只有2.93亿美元，在全省排名第8；经过短短5年时间，到2015年，广安商品进出口总额达到11.06亿美元，排名全省第5。我国经济进入新常态后，由于受到了全球贸易保护主义抬头的影响，广安的对外贸易增长遭遇了困难，但是，由于经过近10年开放型经济发展，广安积极建立了川东北首家外贸保税仓，推动了广安市成为川东北开放前沿，引领了川东北外向型经济发展。

　　◎专栏 6-1 广安市：积极构建对外开放平台，建设内陆开放合作新高地

　　对外开放平台是产业发展的有效载体，是经济发展的重要支撑，是做好经济工作的有力抓手，加快对外开放平台建设是提高开放水平的迫切需求，推动开放型经济快速发展的有力支撑。近年来，广安市委市政府高度重视对外开放平台建设，各级各部门采取有力措施加快开放平台建设，该市对外开

放平台建设取得一定成绩。

一是壮大出口支撑平台。目前，广安市已打造华蓥省级电子信息出口示范基地，邻水省级机电专业出口基地，两大基地出口额占全市70%以上，正积极争取创建前锋区省级轻纺专业出口示范基地，一方面发挥华蓥、邻水、前锋三个专业出口基地示范效应，以园区为依托，有针对性的招引企业入园发展，壮大电子信息、机电和轻工产品产业集群规模，另一方面鼓励有条件的园区设立外贸"园中园"，支持外贸企业入园抱团集聚发展。二是搭建经贸交流平台。借助邓小平故里独特的政治、"一带一路"重要节点城市、川渝合作示范区等优势，主动参与四川自贸区建设，组织品牌企业借助"万企出国门"等经贸交流活动，扩大和深化对外开放合作。积极开展自办经贸交流活动，重点加强与"一带一路"沿线国家合作，建立经贸合作关系，开拓国际市场，2016年，全市共组织外贸企业参加"万企出国门"活动112家228人次，利用展位48个，与法国布洛涅-比扬古市和韩国龟尾市缔结为国际友好城市，与美国、法国、德国、日本、捷克、新西兰等国家建立了经贸合作关系，为外贸企业拓展国际市场搭建了良好平台。三是做强综合服务平台。重点培育两家外贸综合服务企业，拨付出口退税垫付专项资金，引导企业更好为本地中小企业服务，15家企业通过外贸综合服务企业出口货物，带动出口3200万美元。四是推动便利化贸易平台。建成广安港并开港运营，首批"广安造"产品顺利启航直达香港、迪拜等地；川东北地区首个公用型保税仓库建成、试运营，已顺利开展平行进口汽车业务，正加快海关特殊监管平台建设，加大力度向上争取设立海关、检验检疫机构，增创新一轮对外开放竞争优势。

（资料来源：http://www.guang-an.gov.cn/gasrmzfw/gayw/2018-09/14/content_02dfc59d393349dd97ecb05ebe225b61.shtml）

外贸产品结构优化，促进四川城市产业结构升级

随着对外贸易的发展，四川对外贸易发展水平逐渐提高：

（1）出口产品结构日益优化。改革开放之初，四川的出口商品主要是农副产品以及原材料等初级产品为主，随着对外贸易的日益发展，工业制成品，尤其是机电产品和高新技术产品的出口比重日益增加，成为推动四川外贸经济快速发展的首要因素之一。2019年，四川机电产品及高新技术产品出口额分别为3197.42亿元和2873.60亿元，其各自占到了全省出口总额的82.1%和69%（图6-2）。

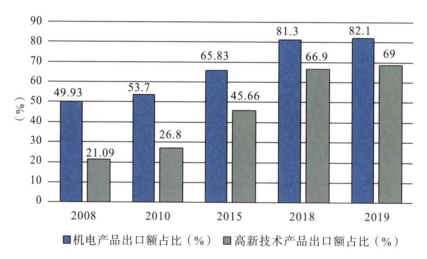

图 6-2 2008—2019 年四川出口商品结构

（2）贸易方式日益多元化。四川对外贸易方式逐渐由一般贸易为主转向了加工贸易方式为主，这表明外向型经济的发展丰富了四川就业方式，提高了就业水平。2019年四川一般贸易出口额为1108.43亿元，其占全部出口额的28.5%；而加工贸易出口额为2190.07亿元，其占全部出口额的56.3%。

出口产品结构的提高，出口贸易方式的改变，促进了四川一些城市产业结构的转型，甚至构建了新的产业体系。其中最为典型的是遂宁市，其抓住

了2008年金融危机时东部产业转移的机遇，大力引进电子信息等产业，发展
以加工贸易为主的外向型经济，不仅扩大了城市经济规模，而且建立了从无
到有的电子产业等高端制造业，促进了产业结构调整。

◎专栏6-2　遂宁市："栽好梧桐树，引得凤凰来"

2006年12月19日，开发区引进了自己的第一家电子企业——立泰，这也
是遂宁第一家真正意义上的高端电子生产加工厂；2007年1月8日，开发区电
子产业园第二家电子企业——金湾又落户了。2家在遂宁新注册的电子企业
先后入驻，2007年3月7日，遂宁市、开发区市区两级政府部门隆重举行签约
仪式，宣布了2家企业的正式签约和开发区电子产业园的开工，遂宁电子产
业进入划时代的历史新起点。

从切红薯片到切芯片　电子产业发展石破天惊

"遂宁从切红薯片到切芯片，这就是产业的升级！"2009年，时任四川
省委书记、省人大常委会主任刘奇葆第一次视察遂宁经济开发区电子产业
园时如此感叹："发展产业也得解放思想，像遂宁能够发展电子产业很了
不起，是想不到的，石破天惊啊！"奇葆书记进园区、入企业、看重点工
程……所到之处，所见所闻，无不令奇葆书记满意、振奋，他对遂宁的发展
寄予了厚望。遂宁电子产业在打响第一枪后，电子产业引进和开工建设掀起
了一波又一波高潮。电子产业的异军突起和突飞猛进势头，使遂州大地处处
生机盎然，显现出一派加快发展、科学发展的崭新气象。

开发区发展步入快车道　电子产业"鸟枪换炮"了

2010年11月11日，2年多前遂宁的电子产业才刚刚起步，如今遂宁已引进
电子企业210家，形成了27类100余个电子元器件产品制造的完整产业链条。看
到遂宁电子产业园由2年前沙盘中的规划变成了实实在在的产业集群，还引进
了像雪莱特光电这样的国内一流光电企业、上市公司。奇葆书记第二次视察

开发区电子产业园时很风趣地说："遂宁电子产业园鸟枪换炮了！"

（资料来源：http://www.snxw.com/zhuantilanmu/zfdxzj/mtbd/201111/1907571.html）

二、外来投资，推动四川城市优化资源配置

外资对欠发达地区经济增长具有两个方面的作用：一是弥补欠发达地区资本短缺问题，从而有利于这些区域扩大再生产能力；二是外资对欠发达地区具有技术溢出效应，即通过直接的技术贸易和间接的技术溢出，可以降低欠发达地区技术研发成本和学习成本，从而促进劳动生产率的提高。

外资在四川经济发展过程中发挥了非常重要的作用，是四川经济腾飞的重要推手之一。自1985年成都引进第一家外资企业起，40年来，外商投资企业分布在四川的三大产业，19个行业大类中，从而使得四川的外资企业呈现出全方位、宽领域和多层次的发展局面。截至2019年底，累计批准（备案）外商投资企业12984家，落户四川的境外世界500强企业累计352家。2019年实际利用外资金额高达124.8亿美元（图6-3）。外资不仅弥补了四川城市发展急需的资金，而且更为重要的是促进城市产业结构的调整和技术创新水平的提高。

在引进外资，积极发展城市经济的过程中，眉山市在18个城市中尤为突出。作为四川最年轻的地级市，2000年设市时，眉山仅有规模以上工业企业167户，规模以上工业增加值仅仅只有14.6亿元，工业基础和产业承载力非常薄弱。在眉山市委市政府的正确领导下，眉山市积极开展一系列对内合作对外开放的活动，积极利用外资，通过区域内融进成都，区域外大量引进高质优质外资企业，构建了强大的城市经济。尤其是建立了强大了工业经济基础，如今机械及高端装备制造、精细化工、新能源新材料及制品、"东坡味道"、现代服务业，被寄望构建五大千亿产业"巨舰"，生物医药、新一代

电子信息、新型建材、竹编成为四个百亿产业"骑兵"。

图 6-3 1998—2019 年四川利用外资情况

三、会展经济，展现四川城市良好形象

　　会展经济指的是通过举办各种形式的会议和展览、展销，带来直接或间接经济效益和社会效益的一种经济现象和经济行为①。一般来说，会展是一种具有地域特色的经济活动行为，通常是由政府或者社会团体举办，其召集供需双方在约定好的时间地点，对一些具有地域特色或者新兴产品或服务进行专业性或综合性的宣传、交易和服务的展示活动。会展经济通常被认为是高收入、高赢利的服务性行业。据估算，会展业具有非常强的产业带动性，通常为1∶9，即如果会展的直接收入是1的话，那么被会展所带动的其他行业收入则为9。不仅如此可以促进产品或服务的展示与宣传，更为重要的是

---

① https://baike.so.com/doc/6673231-6887075.html.

其能够塑造区域形象，提升区域吸引力，促进更多资源聚集到区域来。因此，会展业越来越受到各地政府的重视。

近年来，四川各个城市大力发展会展经济，通过举办如西博会、G20财长和央行行长会、《财富》全球论坛、世界航线大会等重大会展活动的"大事件"效应和"窗口"效应，进一步提升四川各城市知名度和美誉度。

根据《四川省"十三五"会展业发展规划》，四川将构建"一心集聚、四区联动"会展经济格局，力争建设"辐射中西部、服务全国、具有较强国际影响力"的会展产业集聚区[①]。据不完全统计，2019年四川全省共举办重大会展活动1720个，展览面积1020.8万平方米，会展业直接收入达250.2亿元，会展业拉动收入2201亿元，会展业总收入2021.4亿元[②]。

四川会展业在市场主体、产业领域、空间布局等方面在中西部领先，据商务部中国会展经济研究会发布的中国城市会展业竞争力指数，成都连续3年排名中西部第一，全国第四[③]。四川会展业加快向纵深推进会展品牌化和展会品牌化建设，品牌展会举办水平、活动品质、行业影响继续提升，进一步发挥优势产业"加速器"作用。2019年9月举办的第三届西博会进出口展暨国际投资大会吸引境内外嘉宾超过2万人，55个国家（地区）和西部12省（区、市）、新疆建设兵团和中东部部分省份组团参会参展。展览面积超8万平方米，55个国家（地区）的1500余家企业参展。8.5万人次观众观展。本届投资大会期间，四川与国内外投资共签订合作项目489个，投资总额6615.25亿元[④]。

这些数据都表明，会展经济所带来的人员往来无论数量还是流动范围是

---

① 《我省"十三五"会展业发展规划发布》，《四川日报》，2017年7月18日. http://www.sc.gov.cn/10462/10464/10797/2017/7/18/10428298.shtml.

② 中国会展经济研究会，《四川省情及会展产业推荐材料》，2020年5月18日. http://www.cces2006.org/index.php/home/index/detail/id/13665.

③ 同②。

④ 《西博会进出口展暨国际投资大会昨日在蓉闭幕，签约项目489个，投资总额6166.25亿元》，《成都日报》，2019年9月24日. https://www.sohu.com/a/343132743_100011338.

巨大的，这不仅促进了人与人之间的交流，更为重要的是树立了四川友善开放的良好形象，是开创了四川对外合作新格局的良好契机。

◎专栏 6-3 乐山市：连续举办国际旅游博览会，塑造良好城市形象

乐山作为国际知名旅游城市，旅游资源丰富，从2014年开始，已经连续举办六届国际旅游交易博览会。通过旅博会，不仅促进乐山自身旅游业的发展，同时也促进了乐山与其他国际和地区的交流与合作。同时从2015年开始在乐山举办的中国（四川）国际旅游投资大会，创造了全国文旅投资合作的新模式、新经验，已成为国际文旅项目发布和企业投融资对接合作的重要平台，有力推动了四川文旅投资增长和文旅产业发展。

2019年9月举办的第六届旅博会，以"以文促旅，以旅彰文"为主题，吸引了全球83个国家和地区的3300余名嘉宾参会。展位面积3.5万平方米，有国际标准展位1500余个，有68个国家和地区、31个省（市、自治区）和四川省内全部21个市（州）的220家投资商、860家展商和1000家采购商参展。

（资料来源：https://www.sohu.com/a/339932162_100148222）

四、区域合作，扩充四川城市发展空间

区域合作指的是某一个区域内两个或两个以上的国家（或地区），为了共同的政治经济利益，实现专业化分工和进行产品交换而采取共同的相关政策，实现某种形式的政治经济联合或组成区域性政治经济团体。区域合作有利于区域之间进行资源共享、优势互补，从而共同推进社会经济发展。

近年来，四川各个城市抓住国家战略调整的机遇，全面深化区域合作，与省内外城市之间建立了充分合作关系，共同推进经济发展和产业转型。主

要的合作方式包括：（1）推进园区合作共建。园区合作共建主要体现为各个城市的政府通过共同投资方式合作共建产业园区。园区合作共建有利于发挥合作区域间的比较优势，推进产业转移，从而提升合作园区的承载能力和集聚效应。如广安的广安（深圳）园，成都的中德、中新和中韩国际园等。（2）区域间推进飞地经济发展。所谓飞地经济指的是"飞出地"将资金、项目投资到在行政上互不隶属的"飞入地"，从而推进双方进行优势结合、实现互利共赢的区域经济发展模式。"飞地经济"，有利于解决区域间资源禀赋、产业基础和生产要素分布不均的问题。如金堂的"成阿产业园"和"雅安芦天宝飞地产业园"是其中最为典型的飞地经济合作案例。（3）区域间项目合作。跨区域项目指项目所在地跨越两个（含）以上市（州）或县（市、区）的项目，主要涉及交通、能源、矿产、旅游、环境保护等领域。

◎专栏 6-4 雅安市：飞地经济，让经济发展与生态环保双促共赢

飞地经济，这个新鲜词汇，在"4·20"芦山强烈地震后，高频出现在雅安。雅安主动适应国家主体功能区和大熊猫国家公园建设需要，以四川雅安芦天宝飞地产业园区（四川雅安经济开发区）为依托，支持不具备发展工业经济地域优势和交通条件的县（区）大力发展飞地经济，合作共建"园中园"。经过多年来的发展，飞地经济已成为推动雅安绿色发展的主引擎。优势互补 "园中园"迅速发展。沿着名山区永兴大道，向雨城区草坝镇方向行驶数分钟，便可到达飞地园区永兴片区，天全"园中园"、雨城"园中园"的标准厂房映入眼帘。原本属于天全县引进的企业，却在几十公里外的飞地园区落户安家，这是雅安市推进生态脆弱和保护县（区）"飞地"发展工业，实现经济发展和生态环境保护双促双赢而探索的新路子。"4·20"芦山强烈地震后，受灾最重的芦山、天全、宝兴三县，处于长江上游重要的水源涵养区和建设长江上游生态屏障的重点区域，面临保生态与求发展的两

难尴尬境地。为了促进地震重灾区尽快恢复和发展，2013年国务院在《芦山地震灾后恢复重建总体规划》中提出产业集聚发展的理念，支持当地设立芦山、天全、宝兴三县"飞地产业园区"，作为产业转移和发展的载体。在这样的背景下，雅安市做出了最现实的选择——实施"飞地经济"行动。打破行政区划的限制，引导各县（区）严格落实国家主体功能区建设要求和全市产业规划布局，推进产业和项目跨区域落户发展、向优势区域集聚，实现各县区优势互补、抱团发展。通过市和县（区）共同筹资建立投资平台，按股份比例、按期限缴纳注册资本金，按实际缴纳比例实行利益共享，形成共建共管共享新机制。顶层设计，培育壮大飞地经济。经过近两年的发展，各县（区）优势互补、合作共赢的态势更加凸显。2018年上半年，全市工业园区实现营业收入431.09亿元、增长12.7%，其中飞地园区实现营业收入180.4亿元、增长14%。为了进一步培育壮大飞地经济发展，雅安市不断强化顶层设计，以实现经济发展和生态环境保护双促双赢。2018年，雅安市印发了《雅安市飞地经济行动实施意见（2018—2020年）》及2018年度实施方案，支持飞地园区与县（区）共同成立开发运营公司、共建"园中园"、合作共建单体项目，探索多渠道、多方式、多领域的合作，提出了加强飞地经济行动组织领导、给予足够的制度创新或优先权、强化要素保障、建立考核激励机制等方面的措施。另一方面，雅安市还预算安排市级工业发展资金，对符合条件的"园中园"项目进行奖补。市经信委相关负责人表示，目前雅安市已争取到位2018年省级产业园区发展引导资金支持天全园、雨城园2个项目共计640万元。地园区有关负责人表示，将抢抓雅安市全域纳入成都平原经济区机遇，以雅双工业园为平台，承接成都等发达地区产业转移。"到2020年，全市飞地经济改革创新发展将迈出坚实步伐，飞地园区及其承载飞地经济园区空间形态和功能布局将更加合理。"

（资料来源：http://www.yaan.gov.cn/htm/articview.htm?id=20181019112707245）

◎专栏 6-5 达州市：达万携手，1+1>2

2018年6月21日，达州市与重庆市万州区正式签订《深化达万合作推动全方位协同发展行动计划实施方案》（简称《实施方案》）。按照《实施方案》，达州、万州将充分发挥两地的比较优势，创新合作机制，拓展合作领域，进一步建立互利共赢、长期稳定的合作关系，共同构建区域合作与发展新格局，共同落实生态优先、绿色发展战略任务，推动两地经济社会加快发展。

基础设施互联互通，物流港口深度合作。根据《实施方案》，两地将重点推动基础设施互联互通。以打造区域综合交通枢纽为目标，加快推进交通一体化建设，共同争取加快推进成达万高铁、渝西高铁、达万铁路扩能改造前期工作，共同推动广元至巴中铁路电气化改造，打通西北方向铁路通道；加快推进达州至万州直线高速、开（江）梁（平）高速公路前期工作，力争"十三五"期间开工建设。积极推进两地接壤国省干线公路提档升级和县乡道路互联互通。同时，深化能源合作，增强两地能源互供互给能力，争取上级支持川气东送，三峡电力入达。两地还将推动物流港口深度合作。依托万州深水港、达州铁路"无水港"和达万铁路，积极开展物流规划对接，共建物流基地、培育物流企业，打造"达州—万州—长三角"铁公水多式联运物流体系，构建东中西大宗物资双向进出便捷大通道。共同争取成都铁路局开行"达州—万州"货运专列，扩大"成都—达州—万州"货运专列规模。此外，探讨共同合资合作建设万州新田港、新田港物流园和达州铁路"无水港"及物流园区，协同推动新田港铁路专用线和达州河市坝货站二期工程前期工作，争取尽快开工建设。共同争取国家在万州设立综合保税区，功能覆盖达州全域。

产业协同发展，旅游连点成线。产业协同发展是《实施方案》的重要内容。达州、万州将充分发挥两地资源优势和产业优势，以区域关联性优势产业和骨干企业为重点，加强双方联动，共同承接东部地区产业转移；将鼓励两地企业开展技术、生产、投资合作，支持企业跨地区投资建厂，共同培育延伸新材料、绿色照明、智能装备、汽摩制造、食品药品、精细化工、电子信息等产业，推动双方互补、错位发展，打造产业集群，并积极探索建立"飞地园区"；将充分发挥两地生态、富硒等特色农产品优势，共同打造秦巴地区绿色生态经济走廊；将积极促进两地金融机构联系合作，鼓励双方金融机构互设分支机构或发起设立地方法人金融机构，完善区域信用体系建设。达州、万州旅游资源丰富，两地将在推动旅游集聚发展上下功夫。共同研究制定达万区域旅游发展规划和市场开发策略，打造区域旅游网络营销系统和商务服务平台，在游客互送、线路推广、市场推展等方面开展深度对接，共同延伸和开发三峡旅游市场、达州旅游市场，联动川陕鄂旅游市场。其中，以长江三峡国际旅游节为合作载体，发挥万州三峡国际旅游集散中心集聚优势，近期打造一条万州至宣汉至万源的精品山水旅游线路，共同策划和开展线路推广，推进大巴山旅游集散中心建设。鼓励和支持两地旅行社互设分支机构，推动两地互为旅游客源地，积极为双方旅游团队提供便利优惠条件。

（资料来源：http://www.dzrbs.com/html/2018-06/27/content_316219.htm）

五、广交好友，扩大四川城市朋友圈

友好城市又被成为姐妹城市（Twin Cities），顾名思义，其指的一个城市与另外一个城市为了促进彼此之间的交流与合作，从而签订友城协议书，其起源于二战之后的欧洲。狭义的友好城市仅仅适用于分属于两个国家之间的城市，广义的友好城市也适用于一个国家内部的两个城市。但无论是狭义还是广义的友好城市，一个重要的特征就是要签订正式的友城协议书。友城协议书从制度上保证了两个城市之间正式、综合和长期的友好关系。签订友城协议书后，两个城市之间通常就会积极开展在政治、经济、科技、教育、文化、卫生、体育、环境保护和青少年交流等各个领域的交流合作[①]。1973年，天津市和日本神户建立了国际友城关系，是我国第一对友好城市。随着我国改革开放战略的推进，我国拥有国际友城关系的城市越来越多，也使得国际友城数量和交往质量成为衡量一个城市对外开放程度和国际化水平的重要指标之一。

近年来，四川各个城市在国际广交好友，努力扩大朋友圈，取得了优异的成绩。1982年，美国华盛顿州与四川省建立了我省第一对国际友好省州关系。经过近40年的发展，我省国际友城关系也越来越多，截至2019年底，我省一共建立了310对国际友城和友好合作关系（其中，国际友城101对，国际友好合作关系209对，见图6-4）。我省的国际友城关系，不仅数量增长迅速，更为重要的是，我省的国际友城区域分布广泛，遍及世界五大洲，而且涵盖了省、市、县三级，基本形成了全方位对外友城关系格局。国际友城和友好合作关系，扩大了我省各级城市的"朋友圈"，促进了各级城市与世界各地的交流合作。改革开放40多年来，作为国家中心城市和西部开放经济高地的成都市，经济总量从1978年的35.94亿元增长到了2019年的17012.65亿元，增长了472倍，年均增长率15.35%。这一辉煌成绩的获得，离不开国际社会尤其是与成都建立了国际友城和友好合作关系的友好朋友的支持与合作。

"相知无远近，万里尚为邻"。朋友圈的扩大，拓展了四川各市的城市外交关系和层次，建立了多层次和宽领域的交流合作，呈现出来主体多元

[①] https://baike.baidu.com/item/%E5%8F%8B%E5%A5%BD%E5%9F%8E%E5%B8%82/7596052?fr=aladdin.

化、平台多边化和合作制度化等新的趋势，对外开放逐步由改革开放之初的单纯经济开放拓展到了技术开放、社会开放和文化开放等全面开放领域。

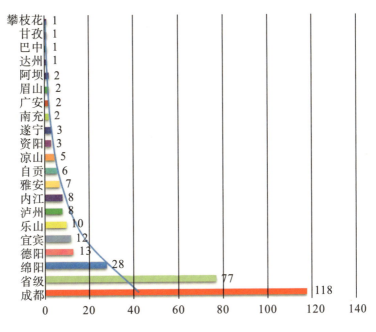

图6-4 四川各级国际友好城市和友好合作关系数量（对）

数据来源：四川省外事办公室网站

六、拓展平台，提高四川城市开放水平

开放合作，不是空中楼阁，必须借助各种各样的开放平台。近年来，四川各个城市积极拓展开放合作载体，依托自贸区、海关特殊监管区、国别产业园、国家级创新产业园、国家经济技术开发区等，综合打造出了具有示范效应和国际影响力的开放合作平台。截至2020年6月，四川省各市一共有1个自贸试验区、1个国家级新区、6个海关特殊监管区、8个国家级经济技术开

发区、8个高新技术产业开发区、1个国家级旅游度假区。正是这些功能不同的平台建设，不仅带动了各个城市转型发展，拓展了城市经济规模和经济质量；更为重要的是，拓展了各市开放领域和提高了开放层次，提升了各市开放经济的发展，推动了高水平开放和高质量发展。

其中最具有重要意义的是，2016年，成都成功获批中国（四川）自由贸易试验区，形成了"成都+川南临港片区"的高质量全方位开放格局，并且争取到投资贸易、金融创新、营商环境、协同开放等领域159项具有特色的改革试点任务①。自贸试验区的试点，把四川的开放从要素开放拓展到了制度开放；把四川从开放的内陆地区推向了开放前沿战线。如今，国家定位天府新区为"一带一路和长江经济带的重要节点"，成都成为国家中心城市，并协同重庆市建设"成渝地区双城经济圈"，共同打造"高质量发展的重要增长极"。

◎专栏6-6 成都市：积极利用各种开放平台，展现高水平开放

2020年前4个月，成都外贸总额突破2000亿元，同比增速达两成，凸显出开放型经济发展中的新动能、新开放、新市场、新格局集聚成势。

一是依托成都国际铁路港，形成新动能。今年以来，成都国际铁路港围绕全流程运输服务、贸易服务配套、保税仓储及金融服务等核心要素构建的一体化供应链解决方案，进一步提升了外贸企业的进出口时效，降低了物流成本，进而也提振了企业复工复产的信心。在疫情影响下，铁路港对外开放压舱石的作用正逐步凸显。

二是依托"一带一路"重要节点地位，拓展新市场。今年前4月，成都对"一带一路"沿线国家和地区进出口额为655.4亿元，同比增长46.3%，

---

① 《八大积极变化，带你看四川对外开放这五年成效》，《四川新闻网》，2017年5月23日，http://www.sc.gov.cn/10462/12771/2017/5/24/10423545.shtml.

其中对越南、波兰和以色列分别同比增长85.2%、3.2倍和12.9倍。目前，东盟、美国和欧盟分别为成都的三大主要贸易伙伴。前4月，成都对东盟进出口额为445.7亿元，同比增长29.2%，对欧盟进出口额为406.5亿元，同比增长33.8%。

三是依托成渝地区双城经济圈，设立成都东部新区。推动成渝地区双城经济圈建设，在西部形成高质量发展的重要增长极。东部新区的设立，将进一步为成都向西向南开放增添了新内涵。成都积极参与国际经济合作，充分利用国内外市场资源，坚持"引进来"和"走出去"相结合，不断拓展开放的深度和广度。深度融入全球产业链，加速构建开放型经济新体系。截至2020年4月，成都落户的世界500强企业已经超过300家，成都外商投资企业进出口额为1574.6亿元，同比增长24.4%。

四是依托各类平台载体，重塑对外开放新格局。深入推进自贸区建设，争取服务业扩大开放试点，持续推进中德、中法、中意、中韩等国别合作园区建设，进一步提升"中国−欧洲中心"影响力，启动建设"一带一路"国际多式联运综合试验区；与此同时，深入推进与东盟的交流合作，不断拓展欧洲、南亚市场，持续加大与"一带一路"沿线国家（地区）经贸合作力度，围绕重点产业持续引进领军企业和重大项目，积极引进跨国公司区域总部、国际中小企业，加快外贸转型升级，加快国家数字服务出口基地建设，加快推动市场采购贸易、二手车出口等。

（资料来源：http://big5.mofcom.gov.cn/gate/big5/cdtb.mofcom.gov.cn/article/x/sichuan/202005/20200502966297.shtml0）

七、破解"蜀道难"，建设四川城市对外通道

所谓开放通道，指的是为促进开放型经济发展，提升对外开放水平，一个地区所建立的铁路、公路、航空、边境口岸等交通枢纽设施。

近年来，四川各个城市积极融入"一带一路"建设，依据省委、省政府的指示，以"南向开放"作为重点。四川省是"一带一路"建设、"长江经济带""西部大开发"的叠加区，区位优势突出。为了促进南向开放，四川积极推进与珠三角、北部湾、滇中、黔中等经济区之间的铁路、公路和水路建设，通过沿海港口和边境口岸来对接"中国-中南半岛"、孟中印缅等国际经济走廊和海上丝绸之路，形成四川省沟通东南亚、南亚进而延伸至印度洋、地中海最便捷的物流通道①。为此，四川极力推动出川大通道建设，以公路、铁路、水路、航空的交通枢纽建设为重点，着力打造东中西互济、海陆空统筹的开放通道，以便形成对外经济走廊，促进开放型经济的进一步发展。截至2019年，进出川通道达34条；与周边省会城市之间的城际高速铁路正在积极推进建设；双流机场已经开通126条国际（地区）航线，国内210条；旅客吞吐量达5585万人次，其中出入境旅客突破700万人次，144小时过境免签政策扩展到11个市，四川与世界各地联系更加紧密、合作更加全面深入②。

---

① 杨富，刘金陈.《四向拓展加速打造内陆开放高地》,《成都日报》,2019年2月15日.
② 四川省人民政府.《2020年四川省政府工作报告》.http://www.sc.gov.cn/10462/11555/11561/2020/6/10/d24e43cef8e14e2d9946776355296eac.shtml.

◎专栏 6-7 成都市：构建立体大通道体系，推动国际门户枢纽城市建设

改革开放40多年来，成都顺势而为，积极参与全球城市合作，推动开放浪潮积厚成势。进入新时代，成都抢抓"一带一路"建设重大机遇，更加主动参与世界经济大循环，更加积极运筹全球高端要素资源，主动服务全川和西部新一轮开放。成都市委第十三届六次全会提出加快建设国际门户枢纽城市。围绕这一目标，成都提出了以成都为核心的"空中丝绸之路+陆上丝绸之路"立体大通道体系，坚持量质并进、质效并举，全面增强通达和中转能力，进一步提升全球资源配置和市场覆盖水平，为建成泛欧泛亚门户枢纽城市、实现新时代成都"三步走"战略目标贡献积极力量。

建设国际门户枢纽城市是成都主动融入"一带一路"建设和省委"四向拓展、全域开放"战略部署的重大举措，也是建设开放型经济新体制和构建立体全面开放新格局的重要抓手。下一步，在航空通道方面，成都要加快拓展"48+14+30"航空战略大通道，全面形成覆盖欧美澳亚非的国际航空干线网络；推动既有航线网络实现稳定运行，进一步提升航线网络干支衔接水平，更好实现成都市民"说走就走的旅行梦"；协力做好天府国际机场建设及运营筹备工作，确保2020年基本建成、2021年如期投运，探索天府国际机场、双流国际机场"两场一体"运营模式，打造洲际航空客货运转运中心。

在陆海通道方面，要加快打造7条国际铁路通道和5条国际铁海联运通道，构建以成都为枢纽，联系太平洋和大西洋的新亚欧大陆桥。健全亚蓉欧国际班列稳定开行和市场化运营机制，持续完善"四向拓展"网络节点布局，提升班列服务标准和班列产品体系，提升对开放型现代化经济体系服务水平。加大班列营销及货源集结力度，提升班列增值服务功能和品牌竞争能力，确保综合运营指标保持全国领先。突出抓好西部陆海新通道建设，坚持多点布局、多路并举，加密开行经北部湾港的铁海联运班列，常态化开行经凭祥至越南河内的国际铁路直达班列和成都公路口岸至越南的跨境公路货运

班车。

（资料来源：https://www.360kuai.com/pc/98ba460234862a104?cota=3&kuai_so=1&sign=360_57c3bbd1&refer_scene=so_1）

主要参考文献：

【1】八大积极变化，带你看四川对外开放这五年成效［EB/OL］.http://www.sc.gov.cn/10462/12771/2017/5/24/10423545.shtml.

【2】成都开放型经济发展凸显"四新"之势［EB/OL］.http://www.mofcom.gov.cn/article/resume/n202005/20200502966297.shtml.

【3】谭楚甲.达州万州牵手推动全方位协同发展达万携手：1+1>2［EB/OL］.http://www.dzrbs.com/html/2018-06/27/content_316219.htm.

【4】张婧.飞地经济，让经济发展与生态环保双促双赢［EB/OL］.http://www.yaan.gov.cn/htm/articview.htm?id=20181019112707245.

【5】罗之飓，李欣忆.我省"十三五"会展业发展规划发布［EB/OL］.http://www.sc.gov.cn/10462/10464/10797/2017/7/18/10428298.shtml.

【6】2020年四川省政府工作报告［EB/OL］.http://www.sc.gov.cn/10462/11555/11561/2020/6/10/d24e43cef8e14e2d9946776355296eac.shtml.

第 七 章

可持续：绿色生态的期待

四川城市读本

绿色发展是四川城市的最大优势、最大潜力和最好机遇。

在快速城镇化进程中，四川城市致力于探索经济、社会与生态等全方位的城市转型，包括工业化、城镇化、低碳能源、绿色建筑、低碳生活和人的全面发展等。

城市发展中涌现出各具特色的生态文明发展模式，如公园城市模式（成都）、水生态文明城市模式（泸州），低碳城市模式（广元）、森林城市模式（巴中）、灾后绿色发展示范城市模式（雅安）、民族地区生态田园城市模式（西昌）等。

同时，四川城市也面临本底薄弱、污染形势严峻、区域生态文明水平严重不均衡等突出问题。

直面问题，社会主义生态文明新时代的四川城市，关于如何促进城市可持续发展，不同城市给出了不同的答案，绘制了全新蓝图。

可持续
绿色生态的期待

水生态文明城市
公园城市
低碳城市
生态文明发展模式
可持续工业化
可持续城镇化
森林城市
低碳能源
灾后绿色发展城市
民族地区生态田园城市
面向可持续城市的全面转型
绿色建筑
低碳生活
人的全面发展

绿色生态

美丽
生态
宜居
新时代可持续城市
节能
绿色
环保
低碳
循环

7

2019年四川省森林覆盖率达 **39.6%**，建设

竹林风景线17条 **370** 千米。全省城市和县城平

均建成区绿地率达 **36.08%**，建成区绿

化率达 **40.55%**，人均公园绿地面积达

12.97 平方米。

四川城市公交新能源清洁能源车辆占比达到 **73.**

《成都市低碳城市建设2019年度计划》要求，新增公交、公务用车使用新能源车比例分别不低于 **100%、50%**，新增 **110** 辆氢燃料电池公交、启动物流车领域运用示范。

成都市、西昌市、泸州市、广元市、广安市、德阳市、绵阳市、宜宾市、攀枝花市、巴中市、眉山市 **11** 个城市先后成功创建国家级森林城市。

在快速城镇化的过程中，四川各城市一直将可持续发展置于重要位置。牢固树立生态文明理念，以整体观统筹山、水、林、田、湖、草等各类自然生态资源，按照资源环境承载能力塑造绿色空间格局，注重城市自然山水格局和城市历史文化风貌的保护，致力于经济社会环境的全方位转型与"产、城、人"融合发展，着力提升城市可持续发展能力。

一、面向可持续性城市的全面转型

四川城市坚持以系统工程的视角，从经济、社会、环境三个可持续发展维度入手，推进城市发展的全面转型。

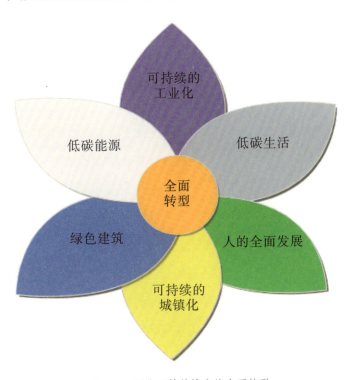

图 7-1　面向可持续城市的全面转型

可持续的工业化

四川城市整体尚处于工业化中期阶段,为了走出一条面向可持续性城市的新型工业化道路,始终把结构调整和转型升级放在更加突出的位置。一方面,改善工业结构,推进优势产业快速增长,提高高技术产业占比。另一方面,发展新经济,培育新动能,形成新的经济增长点。自贡、成都和攀枝花在促进城市结构调整与转型升级上具有典型意义。

四川自贡作为老工业城市,紧紧围绕创新驱动,推动产城联动发展。如将棚户区改造与城区"退二进三"相结合,推动城区工业企业"退城入园",服务业与居住生活区融合发展,重组和提升老城业态,促进旧城可持续发展。通过土地收益返还等扶持政策,引导老工业区搬迁改造,并以此为契机推进企业装备智能化、产品高端化;另外,利用腾退出来的土地,引入新业态新模式,实施了自贡老盐场1957、釜溪滨河文创公园等项目,收获了企业、产业和城市共赢的良好成效①。2017年,自贡作为四川市州的唯一代表,成为全国老工业城市产业转型升级示范区。

作为国家中心城市,成都立足于独特的区位条件、创新资源、产业基础和政策环境优势,于2017年11月9日召开新经济发展大会,提出"构建具有成都特色的新经济产业体系"。明确了新经济基本路径:研发新技术、培育新组织、发展新产业、创造新业态、探索新模式,着力点:发展新经济形态和培育新经济应用场景为着力重点,重要保障:营造有利于新经济发展的制度环境和社会氛围。确立了新经济的"六大形态",即数字经济、智能经济、绿色经济、创意经济、流量经济、共享经济,着力构建具有全球竞争力和区域带动力的新经济产业体系。构建服务实体经济、推进智慧城市、科技

---

① 王波,赵凯.《四川自贡:产业转型升级推动老工业城市"破茧化蝶"》.http://sc.people.com.cn/n2/2018/0627/c345510-31751220.html.

创新创业、人力资本协同、消费提档升级、绿色低碳消费、现代供应链创新应用"七大应用场景"，培植新经济发展优势[①]。成都成为全国第一个系统提出发展新经济的城市，被媒体誉为最适宜新经济成长的新型城市。

因矿而建、因钢而兴的工业城市攀枝花从2011年开始探索钢铁城市转型康养产业之路，成为调结构促转型的突破口。攀枝花市以阳光康养为主线，促进康养与旅游、养老养生、生态农业等融合发展，做精"康养+农业"、做强"康养+工业"、做特"康养+医疗"、做优"康养+旅游"、做活"康养+运动"，构筑全方位、多层次、高品质的"青年人养身、中年人养心、老年人养老"康养基地，打造"东方太阳谷"，推进安宁河流域和金沙江沿岸农文旅融合发展，加快建设阳光生态经济走廊，争创中国阳光康养产业发展示范区[②]。当前，攀枝花市已成为中国最佳养老城市、全国自驾游目的地试点城市、中国避寒旅游城市、全国第一批国家级医养结合试点城市、四川省养生旅游示范基地等。

可持续的城镇化

四川城市坚持绿色发展，切实把绿色发展融入城镇化的各方面和全过程。推动实施空间规划"多规合一"，促进大中小城市和小城镇协调发展，着力构建适应绿色发展的城乡体系。保护和弘扬优秀传统文化，延续城市历史文脉，发展有历史记忆、地域特色、民族特点的绿色美丽城镇。

在空间格局上，科学预测城市人口、用地、资源情况，充分考虑城市发展对环境可能带来的影响，科学确定城市生产、生活、生态"三生"空间，合理划定基础刚性边界、城镇增长边界、永久基本农田红线和生态保护红线

---

① http://cd.newssc.org/system/20171110/002304496.html.

② http://sc.cri.cn/20180727/614f4676-b55b-3893-4a60-bcac2183e80f.html.

及城市绿线、蓝线、黄线、紫线。大部分城市充分发挥本地丰富的山、河、湖、岛资源优势，如泸州市通过建设张坝桂圆林公园提升本地生态环境；自贡市将自然山体镶嵌在新老城区；眉山市通过建设东坡岛城市湿地公园保护岷江湿地资源；乐山市在中心区建设嘉州城市绿心[①]。

在城市建设上，注重绿色城市形态的全方位塑造。如遂宁市在全域推进生态田园市建设的同时，着力建设独具特色的"生态山水城""现代花园城"和"观音文化城"。在打造生态山水城上，实施"引绿入城""引水入城"和建设海绵城市。在打造现代花园城上，建设滨江公园世界荷花博览园等城市公园、游园，在城市周边积极打造十里荷花仙境、中国花海、中国红海、保利花卉公园等郊野公园、花园。在建设观音文化城上，以打造山、水、寺、岛、镇为重点，系统融入和体现遂宁观音文化及历史文化。

为了推进大规模绿化全川、筑牢长江上游生态屏障，四川提出大力推进森林城市建设。成都市、西昌市、泸州市、广元市、广安市、德阳市、绵阳市、宜宾市、攀枝花市、巴中市、眉山市等11个城市先后成功创建国家级森林城市。同时四川启动川南、川东北、成都平原的跨区域森林城市群建设，加强城市内部区域与城市之间的"生态联系"，构建互联互通的森林生态网络体系，形成城市间生态涵养空间与生态走廊，促进绿色水系断带合龙。另外，省林业厅印发了《四川省森林小镇建设工作方案》，根据全省森林、湿地、绿地等生态资源禀赋，结合自然地理条件、历史文化特征，创建生态旅游型、森林康养型、森林文化型、生态保护型等多种类型的森林小镇。2019年末全省共有湿地公园64个，其中国家湿地公园（含试点）29个。2019年末森林覆盖率39.6%，比上年末提高0.8个百分点[②]。建设竹林风景线17条370千米。全省城市和县城平均建成区绿地率达36.08%，建成区绿化率达40.55%，人均公园绿地面积达12.97平方米。

---

① http://scnews.newssc.org/system/20141212/000518849.html.
② 数据来源：2019年四川省国民经济和社会发展统计公报.

低碳能源

城市是能源消费的主体，能源发展效率与格局决定着城市发展的质量。四川城市着力发展更清洁的能源，建设更智能的电网，构建多种能源互补的能源体系，促进城市能源低碳转型。四川城市公交新能源清洁能源车辆占比达到73%。

根据《成都市推进绿色经济发展实施方案》，成都实施清洁能源替代工程、能源梯级利用工程、智慧能源发展工程。具体行动包括建设清洁能源受端城市和市场化示范基地；推进能源综合梯级利用改造，采用新技术、新工艺促进能源循环利用，推广运用新型余热余压利用装备；积极建设智能变电站、智能调度系统，拓展智能电表等智能计量设施、信息系统、用能设施应用领域。《泸州市加快能源消费结构调整实施方案（2017—2020年）》《泸州市煤炭消费总量控制实施方案》提出大力发展页岩气、分布式能源、生物质能等清洁能源。

被誉为"川南煤海"的煤炭城市筠连面对资源枯竭、生态退化与煤产业市场冲击，从2013年开始大面积种植漆树。经过5年的发展，已经是全国面积最大的人工漆树种植基地，转型为"绿色筠连、生态筠连、宜居筠连"的生态名城。

绿色建筑

四川城市积极开展绿色建筑行动，推进绿色建筑、绿色建材评价和标识，居住建筑节能65%的设计标准在成都等9个城市率先执行。也就是说，自2017年10月1日起，成都市、绵阳市、德阳市、南充市、泸州市、宜宾市、乐山市、资阳市、眉山市行政区域内取得建设工程规划许可证的新建、

改建、扩建居住建筑，勘察设计单位及施工图审查机构应全面执行《四川省居住建筑节能65%设计导则》。

《四川省住房城乡建设厅关于进一步加快推进绿色建筑发展的实施意见》出台，提出"十三五"末期，全省城镇绿色建筑需完成1.2亿平方米，城镇新建建筑中50%要达到绿色建筑标准（目标完成进度为第一年完成20%，第二年完成40%，第三年完成60%，第四年完成80%，第五年完成100%）。同时展开的工作还有绿色生态城区和近零能耗建筑试点示范，以及既有建筑节能或绿色化改造。

成都市将严格落实土地出让建设条件制度，明确将绿色建筑、装配式建设工程建设标准和要求写入《（招拍挂）建设条件通知书》，纳入拟出让宗地的土地出让方案。德阳市旌东新区起步区是省级绿色生态城区试点示范，同时也是国家节能减排财政政策综合示范城市建设最大的示范项目，新建建筑达到绿色建筑评价标准的比例达100%。

低碳生活

可持续性城市倡导的低碳生活方式，体现在居民吃穿住用行的方方面面。如倡导公交出行、再生水回用、分享经济、垃圾分类和餐厨废弃物资源化利用等绿色低碳生活方式，推进低碳城市、低碳社区试点，促进绿色消费，开展低碳产品认证，推广环境标志产品和绿色居住。在绿色消费上，成都市率先出台了绿色旅游消费公约和消费指南。在城市交通运输体系建设方面，四川城市着力倡导优先发展公共交通，建设智能交通和慢行交通，鼓励绿色出行。2017年3月成都市市长罗强亲自扫码共享单车，鼓励市民绿色出行。另外，鼓励公共机构、私人和企业使用新能源汽车，大力完善充电桩等基础设施配套建设。在低碳发展基础能力提升上，成都市积极参与全国碳市场建设，全力建设西部碳排放权交易中心、全国碳市场能力建设（成都）中心。

《成都市推进绿色经济发展实施方案》提出以"碳惠天府"工程推进全社会低碳行动，其具体内容为：大力推进全社会低碳行动，将以电代煤、以电代油、绿色低碳出行、节约用水电气、垃圾分类、资源综合利用等具有广泛公众基础的碳普惠行为纳入碳普惠体系。搭建碳惠天府平台，通过财政支持、商业激励等方式，对社会公众和企业节能降碳等绿色行为产生的减碳量予以量化并进行奖励。

人的全面发展

四川城市发展贯穿了对"人"的关注和以人民为中心的理念，将人的全面发展置于四川城市全面转型的中心位置，成为城市可持续发展的出发点和落脚点。

一方面，把人才的成长和城市的发展作为一个命运共同体来对待。2018年四川省委、省政府印发《关于大力引进海外人才、加快建设高端人才汇聚高地的实施意见》，省委组织部等13个部门联合印发的《四川省"天府万人计划"实施办法》，在成德绵等全面创新改革试验区打造一批国际化人才合作先导区，在自由贸易试验区打造一批高水平的国际人才港，在成都市和区域中心城市打造一批海外人才汇聚高地，以人才新优势打造发展新引擎。

另一方面，通过关注人的全面发展，激发民众参与生态文明建设的源动力。民众对城市美好生态环境的内在诉求本身就是人的全面发展的重要组成部分，也是人生价值的重要组成部分，必然唤起保护生态环境的自发行动，形成自下而上的生态文明建设力量。成都市蒲江县大力推进"培训培训者工程"，使每一个受训者成为培训者，让每一个人都掌握创新思想、创新方法

和创新技能，形成绿色创新文化氛围和崇尚学习的社会风尚，从而走出了一条通过持续的知识积累、技术进步和劳动者素质提升实现内生增长与后发跨越的绿色创新路径。

二、各具特色的生态文明发展模式

四川城市生态本底有很大不同，探索城市生态文明上的着力点并不相同，从而形成了各具特色的生态文明发展模式。

成都：美丽宜居公园城市

2018年2月，习近平总书记来四川视察时指出，天府新区是"一带一路"建设和长江经济带发展的重要节点，一定要规划好建设好，特别是要突出公园城市特点，把生态价值考虑进去，努力打造新的增长极，建设内陆开放经济高地。根据《中共成都市委关于深入贯彻落实习近平总书记来川视察重要指示精神 加快建设美丽宜居公园城市的决定》，成都将从五个方面加快建设美丽宜居公园城市。

一是从"蜀风雅韵、大气秀丽、国际现代"的城市形态彰显生态价值。涵养自然生态格局，打造生态绿网体系，形成独特城市风貌与景观格局。具体措施包括加速建设龙泉山城市森林公园，天府绿道加速形成生态绿网体系，打造一批富含时代气息兼具地域特色的城市建筑等。

二是从"绿满蓉城、花重锦官、水润天府"的城市绿态彰显美学价值。具体措施包括推进天府植物园建设，打造"花园式特色街区"，打造精品林盘聚落体系，实施水污染防治"626"工程[①]等。

三是从"传承创新、古今一体、别样精彩"的城市文态彰显人文价值。具体措施包括恢复摩诃池等历史文化景观要素，加快建设天府锦城等。

四是以"资源节约、环境友好、循环高效"的生产方式彰显经济价值。具体措施包括重点建设28个产业生态圈和11个示范产业功能区，推进海绵城市建设，深入实施乡村振兴"十大重点工程"和"五项重点改革"[②]，打造"夜游锦江"旅游新名片等。

五是以"简约适度、绿色低碳、健康优雅"的生活方式彰显生活价值。具体措施包括科学管理共享单车、共享汽车，加快建设"天府市民云"，实施锦城蓝天行动和净土行动。

泸州：水生态文明城市

泸州境内江河纵横、水系发达。2013年，泸州入选全国首批45个水生态文明试点城市。在试点建设过程中，泸州市形成了"创新强水、开放活水、协调兴水、绿色助水、共享惠水"的治水理念，确定了"山清水秀、人水和谐、景态自然、醉美泸州"的总体目标，积极打造"一主四副，蓝廊绿网，点线结合，水城共融"的水生态文明城市建设格局，形成与泸州经济社会发展相协调的水资源管理、水资源配置、防洪与供水安全保障、水环境改

---

① "626"工程：指实施严重污染水体挂牌整治、污水收集处理设施建设与提标、农村面源污染综合治理、工业企业治污减排、城市水生态提升工程、饮用水源地规范建设六大行动26项具体工作措施。资料来源：2019年成都市人民政府工作报告名词解释。
② "十大重点工程"：指全域乡村规划提升工程、特色镇（街区）建设工程、川西林盘保护修复工程、大地景观再造工程、乡村人居环境整治工程、农业品牌建设工程、乡村人才培育集聚工程、农民增收促进工程、农村文化现代化建设工程和乡村社区发展治理工程。"五项重点改革"：指农业供给侧结构性改革、农村集体产权制度改革、农村金融服务综合改革、公共产品服务生产供给机制改革和农村行政管理体制改革。资料来源：2019年成都市人民政府工作报告名词解释。

善、水生态系统保护与修复、水文化和水景观提升等六大体系。

在推进机制上，泸州成立了以市委副书记、市长为组长的水生态文明城市建设领导小组，建立了市长加7个区县长为主体的1+7推进责任机制，建立了市委常委联系区县督导责任机制，将水生态文明城市建设纳入全市经济社会发展计划，列入年度目标考核管理；建立了部省、市、金融、社会资本等多元筹资机制；率先编制并组织实施《泸州市水资源综合规划》，出台《实行最严格水资源管理制度实施方案》《实行最严格水资源管理制度考核办法》《泸州市城市饮用水水源地保护规划》等系列规划和配套制度，实行最严格的水生态治理保护，建立最严格的水资源开发利用控制、用水效率控制、水功能区限制纳污的水资源管理"三条红线"制度体系。

泸州在水生态文明建设上，创新了小流域综合治理新模式。坚持"生态+"理念，以清溪河清洁小流域治理为突破，大力推进水土保持生态文明建设。清溪河小流域成功创建为全国第5个、全省第1个"国家水土保持生态文明工程"。张坝成功创建为"国家级水利风景区"。在水生态文明建设实践中，泸州着力打造"中国最美小流域"示范样板，为四川乃至全国水生态文明建设提供了有益的经验借鉴①。

泸州成功实施"两江四岸"改造。按照 "两江气通城、四岸展雄风"总体规划目标，以防洪保安为前提，将泸州历史文化、诗酒文化、红色文化与城市景观相融合，打造泸州鲜明的城市个性。以构建"山为骨架、水为肌肤、绿为基色、文为魂魄"的山水城市意象为目标，大力改造"三山锁两江"造就的两江四岸滨水环境，大面积、高标准建设城市公园、开放性绿地，打造"一城山水满城诗"的个性风貌。

泸州以"两带多节点"提升城市品位。"两带"即：长江滨江带、沱

---

① http://www.stdaily.com/zhuanti01/szx/2017-12/19/content_610030.shtml.

江滨江带。长江滨江带注重泸州文化与现代园林、滨水景观融合，突出酒文化元素，建设以酒为主题的"单碗"广场、酒坊、酒雕塑、酒灯饰等，强调市民参与性、娱乐性、趣味性、文化性。沱江滨江带根据地域文化突出"龙马"特色，打造地方文化符号。"多节点"即打造忠山公园、江阳公园、张坝景区、龙透关公园、利君广场、东岩公园、江韵公园、城西综合体等多处景观节点，建设具有浓郁泸州特色、生态良性循环的城市环境①。

广元：低碳城市

广元是四川较早开展低碳城市建设的城市，2012年12月被国家发展改革委确定为全国第二批国家低碳试点城市，是国家第二批生态文明先行示范区，也是国家发改委、住建部确定的28个国家气候适应型城市建设试点地区之一。广元在建设低碳城市上的典型做法有②：

夯实低碳发展载体。广元市着重实施了低碳农业园区、循环化工业园区、低碳景区、低碳社区等建设工程，举办"低碳发展与生态康养旅游名市建设国际论坛"等，夯实了低碳城市发展基础。

发展低碳经济。一是构建以食品饮料、生物医药、新材料、能源化工、电子机械、建材家居为主导产业的现代循环工业体系。二是重点培育信息、生物、天然气和化工、电子机械等战略性新兴产业。三是发展低碳农业，推广农业标准生产技术，成为全省首个农产品质量安全监管示范市。四是发展新型服务业。围绕建设中国生态康养旅游名市，促进文化、生态、康养、旅游深度融合。

---

① http://lz.newssc.org/system/20171228/002336946.html.
② 《四川省广元市：坚持生态立市，践行绿色发展，建设宜居宜业宜养宜游的低碳城市》.http://www.xinhuanet.com/city/2017-10/30/c_1121875792.htm.

筑牢嘉陵江上游生态屏障。认真实施退耕还林、植树造林、天然林保护等生态工程，深入推进大规模绿化行动。在西部地区率先开展碳汇交易。深入实施"蓝天、碧水、净土行动"，推进空气质量改善、重点流域水环境综合整治和饮用水源保护。持续深化城乡环境综合治理。

构建清洁能源开发利用体系。充分利用境内清洁能源资源富集优势，大力发展水能、风能、生物质能、太阳能等清洁能源。

统筹低碳城市建设。在城市治理和规划设计中统筹考虑温室气体减排和应对气候灾害的不同需要，打造低碳韧性城市。积极规划建设海绵城市，推进绿色屋顶、下凹式绿地、透水铺装、雨水蓄集利用等工程，降低城市热岛效应，降低城市能源消耗。实施绿色建筑行动计划，鼓励引导绿色低碳建材的生产和消费。加强应急管理，强化自然灾害监测预警和应急能力建设。

培育低碳文化，倡导低碳生活。以社区、企业、政府机关、学校为单位，积极开展各种倡导低碳生产生活方式的活动，培养市民良好生活习惯，自觉减少碳足迹，增强节约用电、用水、垃圾循环利用意识，创建各类低碳社区。倡导绿色交通，建成城市生态休闲廊道。

巴中：森林城市

巴中市地处大巴山系米仓山南麓，虽处于"成、渝、西"三大城市几何中心，是长江上游重要生态屏障，但属于经济欠发达城市。绿色是巴中城市发展的本底，也是发展的潜力。从2011年巴中市政府常务会议作出创建四川省和国家森林城市的决定，到2017年成功创建"国家森林城市"，巴中市在城市可持续发展上创出了一条独特的绿色路径。根据《巴中市国家森林城市建设总体规划（2012—2021年）》部署，其重要举措有[①]：

---

① http://www.sc.gov.cn/10462/10464/10465/10595/2016/8/5/10391034.shtml.

实施"七大森林工程"。以城市增绿、城郊休闲、绿色通道、水系绿化、乡村产业、巴山新居绿化、森林生态文化等"七大森林工程"为着力点，科学构筑"山、水、林、城、路"于一体的森林城市网络。

打造"一环一圈三楔七带多点"的现代森林公园城市格局。一环，即绕城防护林带生态绿环；一圈，即城市外围森林圈；三楔，即望王山、南龛山、西龛山三处楔形绿地串联城内外森林生态系统；七带，即境内7条主要河岸绿色景观带；多点，即新建和改造城市绿地，满足市民出门500米见绿，形成"有山皆园、有房皆荫、有土皆绿、有河皆景、有路皆林"的森林城市景观。

建设林业经济强市。推动核桃、巴药、林木、林下和森林旅游产业基地建设，探索以森林康养为核心竞争力的绿色生态新型增长极。

建立健全森林防护体系。采取"管、控、护"相结合的方式，着力建设林业有害生物、森林火灾、森林资源管护"三防"体系，保障森林安全。

雅安：灾后绿色发展示范城市

2013年"4·20"芦山地震后，雅安在城市重建中首先坚持的原则是，发展不能破坏生态，雅安既要金山银山，更要绿水青山。结合灾后重建，探索建立资源环境承载能力监测预警机制，探索建立体现生态文明要求的领导干部评价考核体系，加快推动生态文化旅游融合发展，实施主体功能区战略，建立负面清单制度。生态文明建设成效显著，雅安被纳入国家首批生态文明先行示范区、国家生态文明示范工程试点市、国家生态文化旅游融合发展试验区。

2018年8月28日由中共雅安市第四届委员会第四次全体会议审议通过的《中共雅安市委关于深入贯彻省委十一届三次全会精神加快建设绿色发展

示范市的决定》提出，实施绿美生态提升工程，建设秀雅滋润的"天府之肺"。实施绿色产业振兴工程，建设生态经济强市。实施美丽乡村建设工程，建设乡村振兴示范市。实施开放创新驱动工程，建设创新型活力城市。

雅安将强化文化资源与旅游资源的深度融合，打造大熊猫文化国际特色旅游目的地和世界茶马古道精品旅游走廊，并以此串联全市旅游景区，逐步形成"两藤环绕、藤上结瓜、多点开花"全域旅游发展的雅安模式。同时推动"康养+旅游""文化+旅游""农业+旅游""林业+旅游""体育+旅游"等新兴旅游业态的发展，创造更多的旅游消费热点，加快建设生态康养、阳光康养、医疗康养、温泉康养、运动康养、旅居养老等特色产业，加快打造成西蜀生态游养娱目的地①。

西昌：民族地区生态田园城市

西昌市位于四川西南部，是凉山彝族自治州的首府。西昌坚持把生态资源作为城市发展最重要的战略资源，制定了《西昌市打造"七彩西昌·阳光水城"治水十条、治气十条》《环保十大重点工程实施方案》《西昌市防范自然资源资产管理和生态环境保护重点风险实施意见》等，坚决摒弃损害甚至破坏生态环境的发展模式，从生态保护与绿色发展中激活经济发展的新动力和增长点。

邛海湖是西昌市的核心生态资源，1997年《凉山彝族自治州邛海保护条例》正式颁布实施，成为全国少数民族地区第一部生态环境保护的地方性法规。2006年开始，西昌启动了邛海生态保护与湿地恢复工程建设，编制《邛海生态环境保护规划》《邛海流域环境规划》《环邛海控制性详细规划》

---

① https://baijiahao.baidu.com/s?id=1595424046128296454&wfr=spider&for=pc.

《邛海湿地整合规划》及湿地1~6期详细规划等系列规划。综合治理，实施邛海湿地恢复工程、邛海流域生态恢复治理工程、入湖河流治理工程、邛海截污治污工程、生态恢复工程和生态农业示范工程。从邛海治污出发，向湿地建设挺进，通过退田还湖、退塘还湖、退房还湖、截污管网建设及恢复天然湿地、建设小型人工湿地模式，大量种植水生、湿生植物等措施，修复被围垦蚕食的湖周滩涂、苇塘、湖洲、湿地，提升邛海水体自净化、完善自我修复功能。目前，邛海湿地已经成为全国最大的城市湿地，形成了"山、水、城相依，人与自然和谐相融"的独特城市景观。

同时，西昌通过对邛海湿地恢复、生态修复创建国家度假区，创新度假区发展模式，引入生态禅修、生态教育、婚纱摄影、蜜月度假、湿地露营等新兴业态，成功创建全国首批17家国家级旅游度假区，实现生态保护与度假产业的携手共赢。

三、城市生态文明新时代展望

四川城市探索可持续发展的道路并非一帆风顺，仍然面临很多的困难与挑战，有历史欠账，也有生态资源本底约束，更有发展方式的多重困境。但直面问题，四川城市将以更先进的发展理念，更科学的管理方法，更强的决心信念，迈向生态文明新时代。

四川城市可持续发展尚面临诸多挑战

◎生态地位极其重要，但生态本底依然脆弱

四川是长江上游重要的生态屏障区，承担着维护国家生态安全的重大

使命。但与此同时，四川盆地尤其是盆周山区独特的地理环境，使得一部分资源富集区又是生态脆弱区，加上自然灾害频发以及粗放发展方式造成的生态破坏严重，生态环境保护的任务十分艰巨。大部分城市一方面是森林、湿地、物种和自然景观资源富集区，另一方面又分布着扶贫开发重点地区、重点生态功能区、典型生态脆弱区、全面建成长江上游生态屏障的重点难点区。特殊的生态地位与生态本底，决定了城市发展必须因地制宜，在保护中发展，在发展中保护。

◎水气土污染形势严峻，三大战役任重道远

2018年对全省21个市州政府所在地的94个城市环境空气质量监测点位实时监测，平均优良天数率为84.8%。城市细颗粒物（PM2.5）平均浓度为38.6微克/立方米，只有阿坝、甘孜、广元、凉山、巴中5个城市达标。空气污染成因复杂，除了工业、燃煤、机动车、建筑和道路扬尘、生物质燃烧等污染物累积，产业结构调整、能源结构优化、空间结构改善、生产生活方式转变也是一个长期的过程。

四川河流众多，沿岸工业、人口和城市密集，水污染防治形势严峻。根据中央第五环境保护督察组指出长江部分支流水环境形势严峻，2016年长江干流四川段、金沙江、沱江、岷江、嘉陵江等五大流域约30%的监测断面水质不达标。根据《2018四川环境状况公报》，沱江水系2018年达到优良水质标准占比只有47.2%。

土壤环境状况总体不容乐观。根据《四川省土壤污染状况调查公报》，攀西地区、成都平原区、川南地区等部分区域土壤污染问题较为突出；土壤污染以无机型为主，其中镉是全省土壤污染的主要特征污染物。高土壤环境背景值、工矿业和农业等人为活动，是造成土壤污染的主要原因。

◎城市可持续发展水平呈现较大空间分异，发展不均衡

根据《四川城市可持续性发展报告2017》，西部地区地级城市中，四川省各城市可持续竞争力得分和排名差距较大，成都市以总得分0.624分位居西部地区地级以上城市首位，最低分为巴中市的0.056分；得分位于0.1~0.2分之间的有9个，分别为自贡市、攀枝花、泸州市、德阳市、绵阳市、乐山市、南充市、宜宾市、雅安市，占四川省地级以上城市数量的二分之一；得分低于0.1分的城市有8个，分别为广元市、遂宁市、内江市、眉山市、广安市、达州市、巴中市、资阳市。

四大城市群的可持续发展水平也呈现较大差异。成都平原城市群得分总体较高，特别在环境保护、城市生态方面表现较好，但是仍然需要加强主要污染物排放的控制；川南城市群资源使用效率指标得分相对较低，在城市环境可持续性方面具有较大的提升潜力；川东北城市群除遂宁外，排名位于西部地区40位之后，各城市在主要污染物排放和环境保护方面表现突出，但是在资源使用效率和城市生态方面较为滞后；攀枝花市作为攀西城市群的代表，城市环境可持续性得分较高，在全省处于领先位置，主要污染物排放和城市环境得分较低，未来需要进一步控制污染物排放、改善城市环境。

社会主义生态文明新时代四川城市可持续发展展望

2016年7月28日，中共四川省委十届八次全体会议通过《中共四川省委关于推进绿色发展建设美丽四川的决定》，着力把生态文明建设和环境保护融入治蜀兴川各领域全过程，加快建设长江上游生态屏障。面向可持续的城市发展仍然是促进经济结构转型、提高发展质量和资源效率的重要方面。关于如何促进城市可持续发展，每个城市给出了不同的答案。

成都市建设美丽宜居公园城市。《成都市美丽宜居公园城市规划》确立了"三步走"的发展目标：2025年，加快建设美丽宜居公园城市，公园城市特点初步显现；2035年，基本建成美丽宜居公园城市，开创生态文明引领城市发展的新模式；2050年，全面建成美丽宜居公园城市，全方位形成"人城境业高度和谐统一"的大美城市形态①。

雅安市建设绿色发展示范市。《中共雅安市委关于深入贯彻省委十一届三次全会精神加快建设绿色发展示范市的决定》明确2022年绿美生态建设走在全省前列。打造天蓝、地绿、水净的优质生态环境，森林覆盖率和生态保护指数保持全省第一，中心城区空气质量优良天数比率和负氧离子含量全省领先，重要江河湖泊水功能区水质优于Ⅲ类，成功创建国家生态文明建设示范市、国家环境保护模范城市，实现生态环境质量全省最优，成为全省绿色经济新增长极②。

宜宾市建设长江上游绿色发展示范市。推进《宜宾市绿色城乡行动计划实施方案》《宜宾市绿色农业行动计划实施方案》《宜宾市绿色生态行动计划实施方案》《宜宾市绿色环境质量提升行动计划实施方案》等一系列"绿色行动计划实施方案"。到2020年，全市基本形成"山、水、城、林、田"相融一体的生态绿色空间，营造舒适宜居、人与自然和谐共处的人居环境，把宜宾建设成为长江上游绿色发展示范市和生态屏障。任务包括，完善绿色城乡规划体系、加强绿色城镇建设、推进绿色乡村建设、加大绿色建筑推广、推进城市智慧管理等。

遂宁、南充、广安、广元、绵阳、德阳6市2016年成功申报建设国家生态文明先行示范区，联合编制了《嘉陵江流域国家生态文明先行示范区实施方案》，确立了嘉陵江流域六市生态文明示范区的定位：嘉陵江流域生态合作示范区，生态脆弱地区转型升级示范区，长江经济带沿江城市协调机制创新示范区，嘉陵江流域城市群新型绿色、低碳城镇化示范区。六市以生态文

---

① http://sc.cri.cn/20180513/e464df08-1e98-bcd2-4c54-58337e99f61d.html.
② 2018年8月28日中国共产党雅安市第四届委员会第四次全体会议通过《中共雅安市委关于深入贯彻省委十一届三次全会精神加快建设绿色发展示范市的决定》。

明示范区建设为契机，围绕破解本地区生态文明建设的瓶颈制约，将嘉陵江流域6市打造成"一带六明珠"。即在建设"绿色嘉陵江带"的基础上，结合各自特点，打造低碳广元、循环广安、生态绵阳、绿色遂宁、节能德阳、环保南充①。

　　西昌建设现代化生态田园城市。2018年1月17日，中国共产党西昌市第九届委员会第二次全体会议审议通过了《中共西昌市委关于以习近平新时代中国特色社会主义思想为统揽加快建设现代化生态田园新西昌的决定》，到2026年，西昌将建成现代化生态田园城市。打造"七彩西昌+阳光水城"，通过水网连通，把一湖四河作为城市发展的主轴，彰显"城在水中、水在城中、湖水相依、彩带环绕"的城市特色。到2030年，依托邛海旅游度假区，将西昌打造成为全国地标性的旅游度假城市及世界范围内具有影响力的休闲度假目的地，为游客构建集阳光四季康养度假、滨湖湿地运动度假、滨湖慢吧娱乐度假、山林禅修养心度假、彝风川韵文化度假于一体的休闲度假生活方式。

---

① https://suining.scol.com.cn/sdxwtt/201603/54414909.html.